本丛书得到何东先生独资赞助

This series of books is financially supported exclusively by Mr. Eric Hotung.

20世纪中国文物考古发现与研究丛书

汉长安城

刘庆柱　李毓芳／著

文物出版社

一　霸城门遗址

二　未央宫少府（或其所辖官署）遗址鸟瞰

三　桂宫二号遗址（A区）鸟瞰

四 未央宫石
渠阁遗址

五 长乐宫排水
管道遗址

六　建章宫双凤阙遗址

七　汉长安城遗址出土
　王莽封禅泰山玉牒

20世纪中国文物考古发现与研究丛书

序 / 张文彬

俗称"锄头考古学"的田野考古学的诞生以及中国考古学学科体系的基本完善，由此而引起的古物鉴玩观赏著录向科学的文物学的转变，是20世纪中国学术与文化界的大事。它从材料与方法两个方面彻底刷新了持续了数千年之久的中国古代史学传统，不但为中国学术界和文化界开拓出更加广阔的研究天地，也为一切关心中华民族悠久历史和灿烂文明的人们不断地提供了可贵的精神滋养和力量源泉。

仰古、述古、探古，进而考古，向来为我国传统文化中一个明显的学术特点。先秦时期诸子百家发其端，汉代司马迁撰写《史记》，北魏郦道元作注《水经》。他们对相关的遗迹遗物，尽可能地做到亲自考察和调查，既能辨史又可补史。这种寻根追源的治学态度，为后世学术上的探古、考古树立了榜样。此后，山河间的访古和书斋式的究古相继开展，特别是对古器物的研究，成了唐、宋时期的文化时尚。不少学者热衷于青铜铭文、碑刻、陶文、印章等古文字的考释，进而有了对器物的辨伪鉴定、时代判断、分类命名等，逐渐兴起了一门新的学问——金石学，涌现出许多著名的古器物鉴赏家和收藏家。只是囿于当时的历史条件，金石学家们无法了解所见文物的出土地点和情况，也难以涉及史前时代漫长的演进历程，因而长期以来始终脱离不了考证文字和证经补史的窠臼。即使如此，他们的艰辛努力和取得的成绩，还是为推动我国传统文化的发展起到了积极作用，并且在事实上也为中国考古学和中国文物学的起步铺设了最早的一段道路。

20世纪初，近代考古学由西方传入。中国学者继承金石学的研究成果，学习并运用西方考古学方法，开始从事田野考古，通过历史物质文化遗存，探寻和认识古代社会，揭示人类社会发展规律。早在1926年，中国学者就自行主持山西南部汾河流域的调查和夏县西阴村史前遗址的发掘。随后，我国学者同美国研究机构合作，有计划地发掘周口店遗址，发现了北京猿人。从1928年起至1937年，连续十五次发掘安阳殷墟遗址，取得了较大收获，引起了国内外学术界的重视。自20世纪50年代以后，随着国家大规模经济建设的进行，田野考古勘探、调查和科学发掘工作在全国范围内蓬勃有序地开展，许多重要的典型遗址和墓地被揭露出来，重大发现举世瞩目。它们脉络清晰，层位分明，文化相连，不仅弥补了某些地域上的空白，而且衔接了年代上的缺环，为研究中国古代史、文化史、科学史以及其他学科领域，提供了珍贵、丰富的实物资料，极大地影响着人文社会科学诸多学科专业的研究与发展。这段时间被学术界称为中国考古学的黄金时代。在马列主义理论指导下，具有中国特色的考古学理论体系和方法论逐渐形成。有关研究成果不仅极大地改变和丰富了人们对中国文明起源、中国古史发展等重大问题的认识，同时也扩展了中国文物的研究领域和研究方式。可以说，考古学的发展与进步，直接影响到文物学的形成与发展，而且影响到全社会对文化遗产重要作用的认识以及世界学术界对中国古代文明的重新认识。

从 20 世纪 80 年代开始，文物界就中国文物学的创立，逐渐取得共识，在共同探讨的基础上，初步形成了学科体系。不少学者发表了有关论文，出版了专著，就文物的历史价值、科学价值、艺术价值以及在社会主义的物质文明与精神文明建设中如何对文物进行有效保护、合理利用发表意见。这些研究成果已获得学术界的赞同。

在这世纪之交和千年更替之际，对中国考古学和中国文物事业作一次世纪性的回顾和反思，给予科学的总结，是许多学者正在思考和研究的问题。如果能通过梳理 20 世纪以来重大发现和研究成果，透视学科自身成长的历程，从而展望未来发展的方向，以激励后来者继续攀登科学高峰，无疑是一件很有意义的事。为此，经过酝酿、商讨和广泛征求意见，我们约请一批学者（其中有相当多的中青年学者）就自己的专长选择一个专题，独立成篇，由文物出版社编辑出版一套《20 世纪中国文物考古发现与研究丛书》，并以此作为向新世纪的献礼。

从某种意义上说，《20 世纪中国文物考古发现与研究丛书》是一套学科发展史和学术研究史丛书。其内容包括对 20 世纪考古与文物工作概况的综合阐述；对一些重要的考古学文化和古代区域文化研究情况的叙述；对文物考古的专题研究；对重要的文物考古发现、发掘及研究的个例纪实。

此套丛书的内容面广，而且彼此关联。考虑到各选题在某些内容上难免会有重叠或复述，因此在编撰之初，我们要求各选题之间互有侧重，彼此补充，以期为读者了解 20 世纪中国考古学和文物学的发展提供更多的视角。

我国的文物与考古工作，虽在 20 世纪得到了迅速发展，但仍有许多重大学术问题需要进一步探索。我们主持编辑这套丛书，除了强调材料真实，考释有据，写作态度严谨求实外，也不回避以往在工作或研究上曾经产生的纰漏差错和不足之处，以便为今后的工作和研究提供借鉴。虽然我们尽了很大努力，但限于水平，各篇仍很难整齐划一。由于组稿和作者方面的困难和变化，一些计划之中的题目也未能成书。这些不周之处，敬请专家、学者和广大读者批评指正。

在丛书编印过程中，我们得到了文物、考古界的广泛支持。何东先生在出版经费上给予了热情帮助。在此，一并深表感谢。

2000 年 6 月于北京

目　　录

插 图 目 录

前言

西汉（公元前 206 年～公元 8 年）是中国历史上的辉煌时代。中国多民族、统一的中央集权制国家始创于秦，但秦王朝只有十五年（公元前 221 年～前 207 年）的短暂统治，与这种国家模式相关的各种制度的完善、巩固和发展留给了后继的西汉王朝的统治者。因此，西汉王朝对中国历史产生了巨大而深远的影响。

现在通行的汉字，基本属于楷书。汉字发展是由篆而隶、由隶而楷，而完成中国文字史上的这两大转变基本都在汉代。从这个意义上讲，真正意义的中国字定型于汉代。中华民族是以汉族为主体的多民族共同体，也就是人们通常所说的中华民族的"多元一体"，但就文明的形成而言，活动在黄河中下游地区的华夏先民，即汉族祖先，是多元一体的中华民族的主体。汉族正式形成时期是在汉代。以汉族为主体，在汉代形成的中华民族文化，则被称为"汉文化"。

都城是古代国家（或王朝）的政治、经济、文化中心。鉴于都城考古学的重要意义，20 世纪 50 年代中期以来，中国科学院考古研究所（1977 年改称为中国社会科学院考古研究所）对西汉都城——长安城遗址展开了近半个世纪的大规模田野考古工作，取得了丰硕的成果。通过对汉长安城遗址的考古勘察、发掘和研究，现已探清了其分布范围，基本明确了城墙、城门、宫城、宗庙、社稷、武库、市场、手工业作坊区以及重要皇家离宫、苑囿的地望和形制等，发掘出了大量珍贵的考古资料。这些考古资料成为再现这座古代世界著名大都会的历史素材，使人们看到了一幅丰富多彩、气势博大的西汉时期的全息历史画卷。

（一）概况

汉长安城遗址位于今陕西西安市西北郊(图一)。西安城区海拔400米左右,属关中盆地中部,盆地构造为鄂尔多斯台地南沿下沉地带。关中盆地南屏秦岭、北临北山,西起宝鸡,东至潼关,地势西高东低,南北高、中间低。渭河由西向东穿过盆地,河槽南北两侧地形为不对称性的阶地和台塬。其阶地平坦,台塬广阔,属于渭河流域冲积平原,由渭河一、二级阶地组成,土壤肥

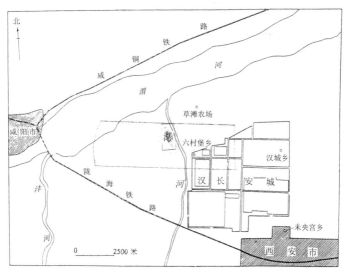

图一　陕西西安汉长安城遗址平面位置示意图

沃，为农业生产提供了得天独厚的条件。

西汉时期，关中盆地为暖温带气候，植被为暖温带落叶阔叶林与常绿阔叶混交林。汉长安城附近生长着大面积竹林，时人有"渭川千亩竹"[1]、"览竹林之榛榛"之记载[2]。当时京城的竹林主要分布在今西安西南郊的周至、户县、长安一带，为此还在都城西南部的周至设置了"竹圃"，负责京畿南部和西南部竹林的养护、管理。

汉长安城附近的山脉和塬地是其重要景观。

秦岭是长安附近最著名的山脉，海拔 1500～2800 米，山势巍峨壮丽。长安面对的终南山是秦岭山脉中的名山。终南山亦称中南山，因其在天下之中、居国都之南而得名。终南山是长安南部的天然屏障。元封二年（公元前 109 年），汉武帝在终南山的翠华山修建了太乙宫（或称太一宫），祭祀太一神。因此，也有称终南山为太一山的。

长安附近有一些著名的塬地，如少陵塬、白鹿塬、铜人塬、细柳塬和咸阳塬等。

少陵塬在汉长安城的东南，汉代称鸿固塬，地处今浐河与潏河东西之间。其南起长安县大兆乡司马村，北至何家营，南北 20 余公里。孝宣许皇后葬于此塬。其陵相对宣帝杜陵规模较小，称小陵，汉代"小"、"少"通假，故小陵又称少陵，少陵塬得名于此。宣帝杜陵在此塬北部、汉杜县东部，所以汉代这里称杜东塬，后代又名杜陵塬。

白鹿塬在长安城东南、少陵塬东北，位于今西安东郊纺织城以南、秦岭以北，东临灞河与浐河之间，南北长 20 余公里，东西宽约六七公里。据说周平王时，有白鹿游于此，而白鹿被视为祥瑞动物，故此取名为白鹿塬。这里位于灞河之畔，秦汉时又称霸上。刘邦攻克武关，挺进关中，屯兵于此。汉初，文帝刘恒"因山为陵"，在此筑墓，因灞水、霸上而称霸陵。此塬又名霸陵塬。塬上还有孝文窦皇后陵和文帝之母薄太后南陵。

铜人塬位于白鹿塬东北，西与汉长安城相对，在今西安至高陵的公路东侧。其东至斜口，南达洪庆镇，北到新合，东西7、南北5公里。秦始皇铸十二铜人置于秦都，汉初将其移至长安城长乐宫大夏殿前。东汉末年，董卓为应付经济危机，"坏五铢钱，更铸小钱，悉取洛阳及长安铜人、钟虡、飞廉、铜马之属，以充铸焉"[3]。魏明帝曹叡要把长安的铜人迁往洛阳，由于"重不可致，因留霸城"[4]，此地故名铜人塬。

咸阳塬隔渭河南与汉长安城遥遥相对，这里是西汉王朝的皇陵区。咸阳塬亦名洪渎塬。因此地为秦都咸阳所在地，故名咸阳塬。秦陶文中见有"咸塬小婴"、"咸塬少申"等字样。咸阳塬在今咸阳市北部，东西长约32、南北宽约10公里。其地势西北高、东西低，高程420～510米。塬上自西向东分布有武帝茂陵、昭帝平陵、成帝延陵、平帝康陵、元帝渭陵、哀帝义陵、惠帝安陵、高帝长陵和景帝阳陵。汉代长陵、安陵、阳陵、茂陵和平陵各置陵邑，故其地又称五陵塬。

长安附近河流纵横，主要有渭、泾、灞、浐、沣、滈、潏、涝（潦）等八条，即文献上记载的"荡荡乎八川"。渭河发源于甘肃渭源鸟鼠山，由西向东流至陕西潼关入黄河。渭河是黄河的最大支流，东西横贯关中盆地，流域面积达3.3万平方公里，是汉代物资运输的重要通道。

泾河发源于宁夏六盘山东麓，东南流经甘肃东南部陇东高原，进入陕西，经长武、彬县、永寿、淳化、乾县、礼泉、泾阳，至高陵入渭河。它是渭河各支流中最大的一支。泾河有着丰富的水利资源，秦汉时在此先后开凿了郑国渠、六辅渠、白公渠等引泾灌溉工程。

浐河发源于蓝田南山谷，向北经白鹿塬和少陵塬之间，在长安城东汇入灞河。灞河发源于秦岭北麓，原名滋水。秦穆公称霸，更名滋水为灞水。灞河、浐河位于长安城东部和东南部，是都城东部的天然屏障。

潏河，古代称沇水，发源于终南山的大义峪，流经汉长安城西北部。西汉中期以前，汉长安城用水主要来自潏河。潏河上游的樊川是西汉开国元勋樊哙的封邑。滈水在潏河之西，其上游称交水。汉武帝开凿昆明池前，交水北流注入镐池，池水北出入潏河，再北注入渭河。昆明池开凿以后，交水入昆明池，下游的滈水成了无源之河。沣水和涝河均发源于秦岭，北流入汉上林苑。

长安附近良好的自然条件，丰沛充足的水量，以及湿润温暖的气候，使这里的农业种植以麦粟为主。关中盆地时有"天府"、"陆海"之称。《史记》曰："关中自汧、雍以东至河、华，膏壤沃野千里，自虞夏之贡以为上田。"汉代关中地区的耕地和人口的数量约占全国总数的1/3，财富却占全国总量的6/10[5]。这些为长安成为西汉王朝的都城奠定了重要的物质基础。

从地理形势来看，长安城位于关中盆地中部。所谓关中是因地处四关之中而得名，即东部的函谷关、西部的散关、南部的武关和北部的萧关。

函谷关在秦和西汉初期置于今河南灵宝。西汉中期，汉武帝将其东移至今河南新安城东。根据考古调查发现，函谷关不只是一处出入的关口，而且还是一处军事重地，有雄伟的关城、高大的城垣、规模庞大的仓库等。最近，在新安仓头乡盐东村发掘了汉代函谷关仓库建筑遗址。遗址平面呈长方形，南北长 179、东西宽 29 米。遗址内出土了大量"关"字瓦当[6]。从仓库建筑遗址的情况，可以想见当年函谷关建筑群规模之宏大。

散关位于今陕西宝鸡渭滨区益门乡二里关村。此关处于秦岭咽喉之地，扼川陕交通要道，自古以来为兵家必争之地。

武关位于今陕西丹凤武关乡武关村。关城遗址平面为长方形，面积约 4 万平方米。公元前 209 年刘邦入秦，即经此关。

萧关位于今宁夏固原东南的古城乡。关城平面为长方形，东西 800、南北 500、墙基宽 2 米。城外置护城壕，城壕深约 12、宽约 30 米[7]。因其易守难攻，故有"长安咽喉，西凉襟带"之称。

四关的险要地势，使汉长安城的防御"固若金汤"。

汉长安城地处中国古代几大文化区的交界地，西北通戎狄，西南连巴蜀，东北接三晋，东南达荆楚，交通极为便利。在对外文化交往上，长安城又是世界著名的"丝绸之路"的起点。

汉长安城所在的关中地区位于黄河流域中游，这里是华夏文明的发源地之一，有着深厚的历史文化积淀。从旧石器时代的蓝田猿人到新石器时代的半坡遗址，从"人文初祖"的轩辕黄帝到神农后稷，到处都留下了先民们活动的遗迹。西周王朝的都城丰京和镐京，位置即在汉长安城西南。秦都咸阳与汉长安城仅一水之隔。汉长安城在秦代曾为都城咸阳的南部宫室建筑区，有许多重要建筑，如章台、兴乐宫、甘泉宫、宗庙、社稷和上林苑等。汉长安城不少皇家建筑就是在秦都咸阳渭南宫苑的基础上修建起来的。因此，汉长安有"故咸阳"的说法。长安是秦咸阳城的一个乡聚，作为地名秦已有之，秦王嬴政的弟弟成蟜曾被封为长安君。公元前206年，刘邦封卢绾为长安侯。

周、秦两大王朝的长期经营，使长安地区有着深厚的历史文化底蕴，这也应是西汉统治者定都长安的重要原因之一。

公元前202年，汉高祖刘邦采纳娄敬的意见，置长安县，定都长安，并在秦兴乐宫的基础上修建长乐宫。而后，又陆续修建了未央宫、武库、太仓和北宫等。公元前194年，汉惠帝着手营筑长安城城墙，并建东、西市。至此，汉长安城已初具规模。汉武帝时期，则修建了明光宫、桂宫、建章宫及上林苑，扩建了北宫，并开凿了昆明池。汉长安城的建设至此达到了顶峰。

（二）考古发现与研究简史

汉长安城是西汉王朝的政治、经济、文化中心。作为当时与西方罗马并称于世界的著名大都会，它是"丝绸之路"的东方起点。由于汉长安城的重要历史地位，涉及这座都城的历史文献记载比较多，如《史记》、《汉书》、《西都赋》、《西京赋》、《西征赋》、《三秦记》、《雍州记》、《三辅黄图》、《关中记》、《西京杂记》、《水经注》、《长安志》、《雍录》、《类编长安志》和《关中胜迹图志》等。

20世纪初，随着西方考古学传入中国，一些外国人也来到中国进行"考察"。其中，日本人足立喜六是最早到汉长安城遗址进行考古调查的。1906年春，调查结果发表在其《长安史迹考》一书中。此后，有一些中国学者对汉长安城遗址也进行了踏察，但系统的考古工作还是近五十年来的事情。

自1956年起，中国科学院考古研究所对汉长安城遗址进行了全面、系统的考古工作。

首先进行了城址的考古勘察。1956年至1962年，勘察了汉长安城遗址的范围、城墙的分布、城门地望、城内的主要道路。与此同时，重点发掘了四座城门，即霸城门、西安门、直城门和宣平门。对未央宫、长乐宫、桂宫、建章宫进行了勘探，并踏察了上林苑和昆明池。这一时期还重点发掘了都城南郊的礼制建筑遗址，主要包括明堂（辟雍）、宗庙和社稷遗址。

70年代的考古工作主要是发掘了武库遗址和长乐宫宫殿遗址。

近年来，由于大规模考古工作的开展，汉长安城遗址中未央宫、长乐宫和桂宫遗址的布局形制已基本探明；长期悬而未决的北宫地望问题已解决，范围已明确；主要市场东市和西市已基本勘探清楚，对西市及其附近的制陶、冶铸和铸币遗址则进行了重点发掘。八九十年代，未央宫大朝正殿——前殿A区和B区遗址、椒房殿、少府（或其所辖官署）、中央官署、宫城西南角楼遗址及桂宫第一、二（A区和B区）、三、四号建筑遗址的大规模考古发掘，使一座座汉代皇室宫殿、官署等重要建筑遗址的神秘面纱被揭开。上述考古工作还获得了一大批重要的汉代遗物，其中出土最多的还是各种砖瓦、瓦当等建筑材料。"秦砖汉瓦"素享美誉，新出土的大量汉代瓦当使人们对当时的文字瓦当和图案瓦当有了更为全面的认识。皇宫木简出土数量不多，但学术价值非同一般。两千多种秦汉封泥和五万多件刻字骨签的出土，是秦汉都城考古的重大发现，也是秦汉史研究的空前收获。至于数量惊人的皇家兵器在武库的出土，数以千计为帝陵随葬使用的"东园秘器"——裸体陶俑的清理，大量钱范的发现等，都使人们对汉长安城的考古学文化有了更为全面的认识。

在汉长安城遗址田野考古勘察、发掘的基础之上，相关的研究也取得了丰硕的学术成果。几十年来，发表发掘报告二十篇，出版考古专刊《汉长安城未央宫》（1980～1989年考古发掘报告），《汉长安城武库发掘报告》和《汉长安城南郊礼制建筑发掘报告》也编写完成。另外，还发表了大量关于汉长安城考古研究方面的论文。

在中国古代都城考古中，汉长安城遗址是开展工作最早、工作量最大的城址之一，对其形制及文化内涵的研究和认识也比较全面深入。

由于几十年来大规模田野考古工作的开展，重大发现不断出现，引起社会各界的广泛关注，极大地促进了汉长安城遗址的保护工作。1961年，汉长安城遗址被国务院公布为第一批全国重点文物保护单位。

注　释

[1]《史记·货殖列传》卷一百二十九，第3272页，中华书局1959年版。

[2]《汉书·司马相如传》卷五十七，第2519页，中华书局1962年版。

[3]《后汉书·董卓列传》卷一百二，第2325页，中华书局1965年版。

[4]《水经注·渭水》卷八，影印《永乐大典》本，文学古籍刊行社1956年版。

[5]同[1]，第3261～3262页。

［6］洛阳市第二文物工作队《黄河小浪底水库盐东村汉函谷关仓库建筑遗址发掘简报》，《文物》2000 年第 10 期。

［7］牛达生、许成《汉代萧关考》，《中国考古学会第五次年会论文集》（1985年），文物出版社 1988 年版。

一

基础设施

（一）营建过程

汉高祖五年（公元前 202 年），刘邦采纳娄敬的意见，定都关中长安，设置长安县，在秦兴乐宫的基础上修建长乐宫。高祖七年，长乐宫建成，刘邦自栎阳（今陕西西安阎良区武屯镇）徙都长安。又令丞相萧何、将作少府阳成延负责修筑未央宫东阙、北阙、前殿，以及武库和太仓。两年后，未央宫建成。同时，还建造了北宫。

公元前 194 年，汉惠帝刘盈即位伊始便开始着手营筑都城城墙。长安城的城墙修筑从西城墙和北城墙开始，工程持续了五年之久，直到惠帝五年（公元前 190 年）秋才全部完工。长安城城墙修建用工之多、规模之大十分惊人，以惠帝三年为例，中央政府在春天一次就征召了 14.6 万人修长安城墙，征用劳力范围扩及长安周围六百里之内。男劳力不够，就大量征用妇女。夏季酷暑，工程继续进行。京畿附近劳力不足，便征用奴隶。公元前 189 年，惠帝在高祖六年修建的大市之西建起了西市。至此，长安城已初具规模。

长安城的第二次大规模修建是在汉武帝时期，建元三年（公元前 138 年）起上林苑，元光六年（公元前 129 年）穿漕渠，元狩三年（公元前 120 年）开昆明池，元鼎二年（公元前 115 年）修柏梁台，太初元年（公元前 104 年）造建章宫，太初四年营明光宫和桂宫。武帝时期，还扩建了北宫。汉长安城建设在此时达到了顶峰。

西汉末年，王莽又在长安城南郊修建了明堂、辟雍、宗庙等礼制建筑，连同修复重建的秦汉之际的官社、官稷等构成了都城完整的礼制建筑群。

（二）城墙与都城范围及平面形制

1. 城墙、城壕与角楼的勘察

根据勘察实测，长安城城墙周长25700米，约折合汉代六十二里多，这与历史文献记载的数字基本一致。长安城各面城墙长度不尽相同，东墙6000、南墙7600、西墙4900、北墙7200米。现存城墙保存状况，以东城墙最好，南城墙次之

图二　南城墙遗迹

图三　霸城门夯土结构遗迹

（图二），西城墙和北城墙较差。

　　城墙纵剖面为梯形，上窄下宽，城墙底部宽约 16 米。城墙内外向上均有收分，倾斜度各为 11 度。城墙原来高度均在 10 米以上，全部为版筑夯土墙，夯土纯净，质地坚硬，夯层厚 7～8 厘米，城墙底部夯层较厚。城墙的穿棍、穿绳和夹板痕迹保留明显，从穿棍痕迹可测量出其木棍直径 21 厘米，棍眼左右间距 53～107 厘米。上、下行棍眼交错排列，间距 80～88 厘米。城墙内若干段夯筑墙体错位排列，每段夯筑墙体宽 1.1～1.5 米（图三）。

　　城外与城墙平行有城壕，其宽 40～45、深 3 米。城墙与城壕一般相距 30 米。北城墙的东段和东城墙外的古城壕至今仍在使用，有的城壕已开扩成河塘或河池，其他部分的城

图四　北城墙遗迹

壕遗迹仍可探寻（图四）。

　　长安城的东南、西南、西北和东北原有角楼建筑，东南和西南角楼基址保存较好。以西南角楼为例，其东西长 27、南北宽 32、现高 0.3～9 米。已经勘探的东北角楼基址平面东西长 36、南北宽 27.7 米。角楼南部和北部分别与东城墙、北城墙相连接。登临角楼的通道设置于东城墙与北城墙相交的内角，通道为南北向，东边与东城墙相连，北端至北城墙。通道南北长 10.6、东西宽 4.9 米。角楼和通道仅存夯土基址。西北角楼基址上的五角形排水管道仍然保存。《资治通鉴》记载：贞观二十一年（公元 647 年），唐太宗李世民为高士廉送葬。其灵柩出汉长安城西北的横桥，太宗登上汉长安城西北角城楼，"望之恸哭"，为其送行。可见至唐时，这处角楼还保存尚好（图五）。

图五　西北角楼遗址

2. 都城平面形制的研究

从已勘察的长安城遗址来看，其平面近方形，方向基本作正南北方向。城内总面积约 36 平方公里。东城墙平直，西、南、北三面城墙多曲折，其中尤以南、北城墙更为突出。曲折的南、北城墙形状，颇似夜空中的南斗星和北斗星。因此，长安城又有"斗城"之称。有人认为，这是当时修筑长安城的设计者，以天上的"北斗"和"南斗"为蓝图设计的。这应是古人的附会。

根据考古勘探资料，西汉时期长安城距渭河不远，二者南北相距约 1200 米。长安城以北的渭河呈西南—东北流向。为了充分利用渭河南岸的土地，长安城北城墙走向与渭河平行。城墙设计者考虑到加强防卫的因素，对城墙未做直线处理，故北城墙虽大方向为西南—东北。但具体到每段城墙，或东西

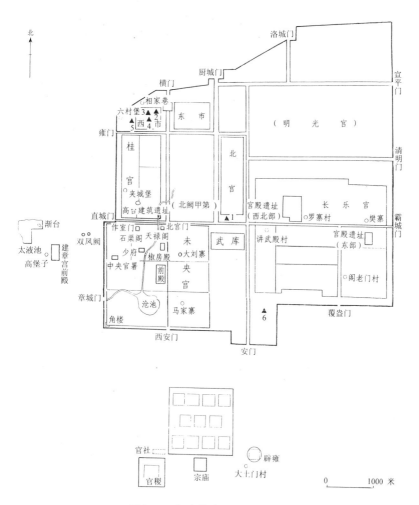

图六 汉长安城遗址平面示意图

1. 北宫南部烧制砖瓦的官窑遗址 2. 铸币遗址 3. 烧制陶俑的官窑遗址

4. 冶铸遗址 5. 民营制陶作坊遗址 6. 高庙遗址

向，或南北向，或西南—东北向，并不完全一致，因而，北城墙多处折角，平面看来颇似北斗七星之分布情况（图六）。

长安城南城墙是在长乐宫、未央宫和高庙修建竣工以后才构筑的。为了加强二宫城和高庙的安全，城墙与二宫城南墙和宗庙之间不宜再设置其他建筑物。因此，南城墙与宫墙南北相距颇近。其基本按照长乐宫、未央宫二宫城南宫墙走势和方向修筑，这样也就形成了南城墙颇似天上"南斗"的平面形状。

（三）道路与都城分区

1. 道路的勘察

道路是城市的"骨架"。通过长期勘察，长安城的主要道路遗迹分布已基本清楚。勘探出的长安城八座城门各有一条大街通入城内。这八座城门分别为宣平门、清明门、安门、直城门、雍门、横门、厨城门和洛城门。八条大街街道笔直，或东西向，或南北向。它们在城内互相交叉、汇合，形成了八个丁字路口和两个十字路口。八条大街长度不等，宣平门大街长3800米，清明门大街长3100米，安门大街长5400米，直城门大街长2900米，雍门大街长2890米，横门大街长2830米，厨城门大街长3060米，洛城门大街长800米。八条大街之中，东西向的宣平门大街、清明门大街、雍门大街、直城门大街和南北向的安门大街较宽，路宽45～56米，横门大街和厨城门大街宽约45米。街道路土距今地表深约1～1.5、路土厚0.3～0.4米。上述八条大街结构基本相同，每条大街之上各有两条排水沟将其分为并行的三股道，这就是班固所说的"披三条之广路"[1]。中股道宽20米，两侧的道路各宽约12米。排水沟系明沟，宽约0.9、深约0.45米。中股道即文献所载之"驰道"，是专供皇帝行走的，其他人甚至不能穿越。史载，汉元帝在未央宫曾有急事召见太子刘骜。而刘骜所住的桂宫的南宫门——龙楼门，即与未央宫的作室门相对。但由于街中驰道所隔，刘骜虽贵为太子，也不敢穿越，只能沿直城门大街北边道路西行至城门，然后越过大街，再沿南边道路东行至作室门，进入未央宫。有些经过皇帝特许的诸侯王或皇亲国戚，虽然可在驰道行走，但只允许在驰道两边，中央三丈宽的驰道还是不能使用，而且可使用的驰道部分仅限于本人，随从不在其内[2]。对于违犯规定者，处罚是严厉的。如平州侯昭涉昧，因为在驰道中行车，而获罪国除。

驰道两侧的道路，供一般吏民行走。城内大道与城门相连，城门又是一门三洞，恰好与城内一道三股相对应。据文献记载，城门三个门洞，中间门洞专供皇帝使用，两侧门洞为吏民"左出右入"，与城门相连接的大街之三股道的使用也与此一致。

考古发现的汉长安城的道路分成三股（"一道三涂"）形制，是目前已知最早的"道中三涂"之路。据文献记载，汉魏洛阳城内的主要道路也是"一道三涂"。《太平御览》卷一九五居处部引《洛阳记》载："宫门及城中大道皆分作三。中央御道，两边筑土墙，高四尺余，外分之。惟公卿、尚书章服道从中道，凡人皆行左右。"

前面已谈到，汉长安城内已勘探出与八座城门相连接的八条大街。文献也记载长安城有"八街"，但具体是什么"街"并未指明。根据各种文献记载对照来看，汉长安城内著名的大街有香室街、藁街、华阳街、城门街、章台街、尚冠街、夕阴街和太常街等。这些大街有的通至城门，应属长安"八街"；有的或为宫城之内通至宫门后又至城门的大街，这些可能不属于长安"八街"。现根据已有考古资料结合文献记载，对上述诸街作一探讨。

关于香室街，《三辅黄图》记载："太上皇庙在长安西北长安故城中，香室街南，冯翊府北。《关辅记》曰：在酒池北"。同书亦载，长乐宫中有酒池。根据对汉长乐宫遗址的考古勘察，在其中北部的中查寨村附近有一池址，可能即为酒池。池址北邻长乐宫北宫墙。此墙与清明门大街南北相距 500 米，太上皇庙和冯翊府当在其间，如此则清明门大街或为香室街。

藁街可能是直城门大街或横门大街。陈汤斩郅支王，将其首级送回长安悬挂在藁街，藁街有蛮夷邸，蛮夷邸在北阙附近。北阙北临直城门大街和横门大街南端。

华阳街是长安城的行刑弃市之地。据文献记载，刘屈氂的妻子被枭首于华阳街。长安城斩人大都在东市或北阙之外，东市西邻横门大街，东为厨城门大街，南为雍门大街。如果说藁街可能为直城门大街的话，华阳街很可能即横门大街，但也不排除其为雍门大街或厨城门大街的可能性。

城门街应为穿过安门的南北大街。据文献记载，高庙在安门内，安门大街东边、长乐宫西南。高祖的寝殿在长安城西北。根据当时制度，惠帝每个月要把高祖生前的衣冠从寝殿中取出，送至高庙祭祀。安门大街为其必经之路，时称"衣冠道"，又叫城门街[3]。

章台街可能为未央宫内大街。章台街因秦章台而得名。据研究，未央宫前殿即建于章台故址之上。长安城西城墙南数第一门章城门，城门之名当与章台、章台街有关，章台街很可能通至章城门。若此则章台街应为未央宫前殿以南约150米的东西横贯未央宫的街道。其西端出西宫门连至章城门。据《汉书·张敞传》记载，京兆尹张敞下朝后，就是走章台街的。

尚冠街当与长安城尚冠里有关。尚冠里在长安城南部，这里有未央宫和长乐宫，两宫之间尚有武库及其南部空地。尚冠里当在武库之南、未央宫之东、安门大街之西。汉代皇帝的宗室亲属朝谒天子时，有的人就在尚冠里等待接见。尚冠街应系进入未央宫的东西向街道。京兆尹即在尚冠街。

夕阴街位于尚冠街之南，街道亦为东西方向，应与尚冠街平行。右扶风在夕阴街北。

太常街因"太常"官署而得名。太常主管"宗庙礼仪"。高庙在长安城安门大街以东、长乐宫西南，即今西安市未央区未央宫乡东叶寨村。太常街当在高庙以北，为东西向道路。

上述汉长安城内诸街可分三类。第一类为与城门相连接的城内骨干道路，如香室街、藁街、华阳街、城门街等；第二类为宫城之内主要街道，如未央宫中的章台街；第三类为宫城之外，城内官署、宗庙区附近的重要街道，如尚冠街、夕阴街和太常街等。

长安城内街道很多，除了上文提到的外，还有各种不同规格、用途的道路。如长安城内侧，沿城墙筑有环城道路，即《周礼·考工记》中记载的"环涂"。东城墙内的环城路宽约30米。在市场之内也有规整的道路，如东市和西市之内，各有两条东西向与南北向相交道路，形成井字状路网。宫城之内道路规格大小不一，如长乐宫内连接东、西宫门的道路，其宽达50余米。此路向东与霸城门相连，向西与直城门大街相接。

从规格、位置来看，直城门与霸城门之间原来可能有一横贯东西的大街。如果这一推测确实的话，那么长乐宫的形制结构就存在着时代早晚的不同变化了。

前已述及，与城门相连的长安城内八条大街，路面均分为三股，中为驰道。其实，长安城中的驰道不只限于上述八街，有的宫城之外的连至宫门的道路亦设驰道。据《汉书·武五子传》记载：刘贺"至未央宫东阙，遂曰：'昌邑帐在是阙外驰道北'"。

2. 城内道路分布与都城分区研究

长安城中与八座城门连接的八条大街将城内分为十一个区。由于八条大街或为东西向，或为南北向，因此大多数区的平面形状呈长方形或方形。以北城墙为界的四个区，其北边斜直或曲折，因而平面呈不甚规整形状。上述十一个区的功能不尽相同，建筑内容也不一致。十一个区中，未央宫（包括武库）、长乐宫（包括高庙）、桂宫、北宫、明光宫和东市、西市各占一个区，里居共占四个区。汉武帝太初四年（公元前101年）营筑桂宫、明光宫之前，长安城中里居应占六个区。西汉前期，随着长陵邑、安陵邑、霸陵邑、阳陵邑和茂陵邑的兴建，不少达官显贵、巨商豪富从长安城徙居诸陵邑，为都城宫城区的扩大提供了条件。

以城内主干道路作为城市之中不同使用功能建筑的分区界线，不只限于汉长安城，隋大兴城、唐长安城、隋唐洛阳城、元大都和明清北京城等无不如此。因而在古代都城遗址考古中，寻找城内主干道路遗迹成为十分重要的工作。

3. 都城附近的道路交通

长安城是西汉王朝的交通中心，所谓"天下之道毕出于邦畿之内"[4]。都城近郊主要有横桥大道、杜门大道等，连接京畿之外的则有向东之函谷道、武关道、蒲关道，向南之子午道、褒斜道等，向西之"丝绸之路"，向北之"直道"。上述道路将长安与全国相连，可谓四通八达。

（1）杜门大道

汉长安城南出东端第一门为覆盎门，因其南与杜县相对，又称杜门。覆盎门与杜县南北间的大道称杜门大道。杜县为秦武公所置，西周时为杜伯国，又称杜城。杜县或杜城故址在今西安市南郊山门口乡北沈家桥村，1973 年此地曾出土了著名的秦"杜虎符"。虎符为铜质，长 9.5、高 4 厘米。铭文有"左在杜"字样，为秦惠文王十三年（公元前 324 年）造。在北沈家桥村东南 1 公里，长安县韦曲乡手帕张堡村还出土带有"杜市"字样的陶釜，可证实此地为秦之杜县故址[5]。西汉时期，杜县仍是都城附近繁华之地，有规模可观的市场[6]。

（2）横桥大道

西汉一代，与都城长安南北相对的渭北咸阳是个非常重要的地方。横桥是连接都城与渭北的重要桥梁，与横桥南北相对的横门是长安城北出的主要门户，而由横门至横桥其间约 1200 米长的横桥大道，成为京师通往渭北帝陵陵邑和甘泉宫等地的重要道路。考古勘探结果表明，这条道路使用时间很长，来往人员很多，因此路土堆积较厚。横门以内为东市和西市，横桥以北的渭河北岸有著名的直市，横门大道两边的商业也相当繁荣。

（3）子午道

古人以"子"为北，以"午"为南。子午道是从长安到秦岭以南的汉中及四川的主要道路。鸿门宴后，刘邦被项羽逼迫，离关中去南郑，走的就是这条路。子午道北口自陕西长安子午镇子午谷入，进沣峪谷，沿沣峪河向南，经喂子坪、黑沟口、红岩子、千佛崖、鸡窝子等地，翻秦岭主脉，经甘沟口进入宁陕县，沿旬河和池河向南经广货街、江口、沙坪、旬阳坝、新矿、铁炉坝乡至石泉县，再沿池河向南经云川、后池、青石、中池、前池乡至池河镇马池街折向西北，进入汉江谷地，沿途有古代栈道遗迹十七处[7]。

（4）褒斜道

从长安通往汉中、巴蜀的另一条重要道路是褒斜道，此路因取道褒水、斜水而得名。褒水与斜水同源秦岭北鳌山，褒水南流入汉江，谷口在汉中褒河乡河东店村。斜水北流入渭河，谷口在眉县西南斜峪关。褒斜道总长 250 公里。褒斜道南口石门长 16.5、宽 4.1～4.4、高 3.45～3.75 米，向北进入留坝县，沿褒河、红岩河河谷，经青桥驿、马道、铁佛殿、姜窝子、南河、柳川、江口、柘梨园，进入太白县。沿红岩河、石头河又向北，经王家崚、白云、嘴头镇、桃川、鹦鸽乡，进入眉县斜峪关。沿途有古代栈道、栈桥遗迹约六七十处[8]。

（5）其他道路

从长安城向东过灞桥，是京师送往迎来非常重要的地方。"灞桥折柳"成为朋友送别之佳话。灞桥以东为霸上，其地置霸陵亭，这是长安通往东方函谷关、东北方蒲关和东南方武关的交汇处。由霸陵亭向东经新丰，再东沿渭河阶地至函谷关，是京师以东的函谷道。由霸陵亭向东北方向，经东渭桥至高陵，又经秦汉栎阳城（今陕西西安阎良区武屯镇），向东至蒲关，此为蒲关道。由霸陵亭向东南，沿灞河东岸至今蓝田县，再南行经峣关，东南行经七盘河谷，再下可至鄂西北和江汉平原的楚地，此即武关道。

汉代长安通往西方的大道是出都城西城门，过渭河之上的便桥（又称西渭桥），沿渭河北岸西行，向西北经甘肃，进入"丝绸之路"。

由长安城出横门，过中渭桥，经咸阳，又过泾河，至今淳化，由此经陕北延安、榆林，直达内蒙古包头市，乃秦始皇所修直道路线。直道遗迹宽30～40米，沿途曾发现不少秦汉遗迹或遗物[9]。

除了陆路交通之外，长安城以东的渭河还是重要的水路交通线，大宗的粮食运输主要靠渭河航运。为了提高渭河航运功能，又开漕渠，引渭水东入黄河。长安的渭河航运保证了大量关东租粟运送到首都，沿途设置的京师仓、太仓、细柳仓等大型粮仓，恰好反映出这条水路的功能。

（四）城门

1. 城门的配置与勘察和发掘

通过对汉长安城遗址的考古调查、勘探，发现全城共有十二座城门。每面城墙各有三座城门，东城墙自北向南为宣平门、清明门、霸城门，南城墙自东向西为覆盎门、安门、西安门，西城墙自南向北为章城门、直城门、雍门，北城墙自西向东为横门、厨城门、洛城门。

宣平门位于今西安市未央区汉城乡青门口西村，北距长安城东北角1150米，其南1750米为清明门。清明门在今西安市未央区汉城乡玉丰村。霸城门位于今西安市未央区未央宫乡范北村，南距长安城东南角1400米，北距清明门1530米。霸城门西对长乐宫东宫门。覆盎门在今西安市未央区未央宫乡大白杨村，东距长安城东南角 1100 米，北对长乐宫南宫门，其东距安门 3010 米。安门位于今西安市未央区未央宫乡东张村。西安门位于今西安市未央区未央宫乡西马寨村，东距安门 1830 米，西距长安城西南角 1500 米，北对未央宫南宫门。章城门在今西安市未央区未央宫乡卢家口村，南距长安城西南角 650 米，北距直城门 1730 米。直城门在今西安市未央区未央宫乡周家河湾村。雍门在今西安市未央区六村堡乡六村堡村，南距直城门 1970 米，北距长安城西北角 350 米。横门在今西安市未央区六村堡乡相小堡村，西南距长安城西北角 1310 米，东距厨城门 1190 米。厨城门位于今西安市未央区六村堡乡曹家堡村。洛城门在今西安市未央区汉城乡高庙村，东距长安城东北角 2500 米，西距厨城门 1920 米。

1957 年，先后发掘了霸城门、西安门、直城门和宣平门，1987 年试掘了横门。从已勘探、试掘、发掘的城门遗址来看，每座城门中部均有两条并列隔墙，将城门分为三个门道，每个门道宽度不尽相同。如直城门和宣平门（图七），中央门道宽 7.7～8 米，两侧门道各宽 8.1 米。西安门和霸城门的规模大些，三个门道各宽 8 米。根据从霸城门考古发掘中所发现的汉代车辙痕迹来看，汉代车辙一般宽 1.5 米，那么每座城门的每个门道可并排通行四辆车，三个门道则可容纳十二辆车并列通行。这即文献上所描述的"立十二之通门"[10]。由于城门的隔墙宽窄不同，城门规模也不一致。隔墙宽者 14 米，窄者 4 米。与未央宫、长乐宫宫门相对的西安门、霸城门门道二隔墙各宽 14 米，宣平门、直城门、横门门道二隔墙各宽 4 米，这样形成与宫城宫门相对的城门面阔约 52 米，其余城门面阔 32 米，而前者较后者壮观宏伟。

图七　宣平门遗址

　　长安城城门规模大小不同，形制上也可分为两种。一种为一般城门，即南、北、西面的城门；另一种为东面城门。后者于城门址外侧保存有向外凸出的夯土遗址，颇似阙类基址。如宣平门外阙址西距门址 20 米。阙址夯土台基现存高 8.2、东西 13.8、南北 11.7 米。

　　长安城城门结构基本相同，在门道两边发现了大量柱础石与壁柱遗迹，木柱之上架设城门楼。城门门道长约 16 米，与城墙厚度相同。城门门道之前平铺一列方石，作为门槛，两端的两块方石为门臼石，臼穴尚在，城门枢安置于其上。从发掘的长安城城门遗迹来看，门道两壁是垂直的阙口，城门门道之上没有圆弧形券顶，应属于"骑楼式"建筑，这不同于后代的拱券式城门。

　　在已发掘的几座城门遗址或门道两旁的内侧，还发现了一些房屋建筑遗迹，如霸城门和直城门南侧、西安门两个门道隔墙处，均有房屋遗迹，它们至少包括两三间房子。房屋墙体用土坯砌筑，白灰涂壁，础石之上立木柱。这些房屋大概是守门官兵使用的。

发掘资料表明，长安城的多数城门在西汉末年毁于战火。此后，不少城门或一些门道废弃不用了。有一些城门，只清理、修整出一两个门道，便因陋就简，继续使用。

也有个别城门（如宣平门）虽遭火焚，但以后历代仍多次修复和重建，并作为一座完整的城门沿用至隋文帝建都大兴城[11]。

2. 关于长安城城门名称的考证

宣平门又名青门，门址所在地现仍称青门口村，村名或因城门之名而得（图八）。《汉书·王莽传》记载，宣平门为民间

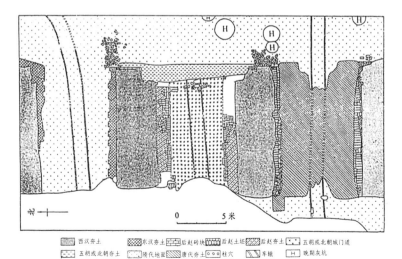

西汉夯土	东汉夯土	后赵砖坑	后赵土坯 后赵夯土 五胡或北朝城门道
五胡或北朝夯土	隋代地面	唐代夯土 柱穴	车辙 H 晚期灰坑

图八　宣平门遗址平面图

所传之"东都门",因此有人认为宣平门即东都门。其实,东都门应为宣平门以东枳道亭附近的"郭门"。这个门是象征性"郭门",因为汉长安城外的东郭也是象征性的。近年大量的考古发掘证实,在汉长安城以东及东南部地区,实际上是该城的居民墓地。

清明门又称玉女门、籍田门、城东门、凯门等。汉代明渠从西向东,由城内经清明门流到城外,折向北入渭河。清明门或与明渠之"明"有关。清明门内今有玉女村,与玉女门当有关系。玉女门、玉女村西北邻明光宫,宫中有皇室征召的美女两千人。玉女门、玉女村又或与此宫之美女有一定联系。清明门内有籍田仓,故此门又称籍田门。清明门为长安城东面的城门,因此又俗称城东门。

霸城门像宣平门一样,亦称青门,又称青城门、青绮门(图

图九　霸城门遗址

九)。这大概是因城门方位而得名。东方为青色，故长安城东面的霸城门和宣平门皆又称作青门等。霸城门遗址保存较好，两边城墙高 10 余米。

覆盎门南对秦汉时期的杜县，杜县故址在今西安南郊山门口乡北沈家桥村，因而又名杜门。汉宣帝时在今西安东南郊三兆村的杜东塬上预作寿陵——杜陵，并在陵北设置了杜陵邑，于是将此地更名为杜陵县，原来的杜县则称下杜城，所以覆盎门又称下杜门。覆盎门与长乐宫南宫门南北对直，"直"即"端"，故覆盎门又称端门。

秦汉时期端门又为正门之名，秦代有"端门四达"之记载。但长乐宫在惠帝之前为临时皇宫，当时还未筑长安城，更无覆盎门。惠帝时期始完成长安城城墙修建任务，而自刘盈称帝即以未央宫为皇宫，都城正门不可能是覆盎门。因此，史载覆盎门的端门之名当与城门和宫门直对有关。

安门又称鼎路门，后者当与安门大街在长安城内的重要性有关。

西安门因地处安门之西而得名。西安门北对未央宫南宫门——平门，因而王莽改称其为信平门。西安门门道两侧遗址保存尚好。

章城门一名章门，西对未央宫西宫门。未央宫前殿曾被认为是秦之章台故址，前殿南边的东西大街或即章台街。此路西至未央宫西宫门，再向西至章城门，故章城门之名可能与章台、章台街有关。汉武帝修茂陵，并在渭河之上修建了大桥，以方便京城和茂陵交通，故名便桥。便桥与章城门相对，所以，此门又称便门。有的文献记载，章城门亦称光华门。

直城门亦名直门，与霸城门东西相对，故城门取名为

"直"。王莽曾更名为直道门。直城门遗址是长安城十二座城门中保存最完整的，目前从地面遗迹仍然依稀可辨城门形制及三个门道的分布情况。

雍门是长安城西边的城门，所以又称西城门。雍门附近有一处著名的居民点——函里，因而雍门又称函里门。后代又有称雍门为光门、突门的。

横门又称横城门。汉代横门距渭河约1200米，河上架桥，即渭桥（后代也叫中渭桥），亦名横桥。是桥因城门得名，还是城门因桥得名，目前尚不清楚，不过二者之名关系密切是没有问题的。王莽时，改横门为朔门，朔门亦称平朔门。

厨城门因其附近的长安厨而得名（图一〇）。长安厨为京兆尹属官，其主要任务是为宫廷和官府制作各种祭祀食品以及

图一〇 厨城门遗址

其他饮食。长安厨的生产规模相当可观，以水产食品为例，昆明池中所养的鱼，除部分送诸陵祭祀使用外，大多数要送到长安厨进行烹饪。城门西侧门址建筑保存较好，夯筑城门址遗存仍高 10 余米。

洛城门又称朝门、高门、鹳鹊台门、利城门。洛城门东部门址尚存，东西 20、南北 9、高约 8 米。有的学者认为高门之名或与洛城门北对高祖长陵有关，可备一说。至于将高门与高庙联系在一起似不妥。此地今名高庙村与汉高庙并没关系，高庙在城南安门附近。今高庙村似为高门之讹。鹳雀台门因汉武帝建造的鹳雀台而得名。至于其他门名的含义有待进一步研究。

3. 汉长安城与古代都城城门制度研究

汉长安城四面各置三座城门，全城共十二座城门，这与《周礼·考工记》所记载的"匠人营国"、"旁三门"是一致的。虽然《考工记》成书于战国时代，但在先秦都城中，"旁三门"的现象并不多见。河南偃师商城和郑州商城的城门数量目前还不甚清楚。齐临淄大城城门共八座，其中西门一、东门三、南门和北门各两座；小城城门共五座，其中东、西、北门各一座，南门两座。楚都郢城有七座城门（包括两座水门），其中西、南、北门各两座（南、北门中各包括一座水门），东门一座。上述诸都城均未按"旁三门"之制。鲁国故城城门十一座，东、西、北门各三座，南门两座。鲁城的城门数量、分布情况与《考工记》记载接近。从汉长安城开始形成的规整的都城"旁三门"的城门配置制度，对以后历代都城城门建制产生了深远影响。如东汉洛阳城共十二座城门，其中东、西门各三座，南门四座，北门两座。唐长安城共十三座城门，其中东、西、南门各三座，北门四座，外城正门为南面中间的明德门。唐长安城不仅郭城（大城）为"旁三门"，甚至皇城、宫城亦行此制，并为后代承袭。如唐长安城皇城共七座城门，南面三座城门，中间的朱雀门为正门，东、西两面各两座城门；宫城八座城门，南面五座城门，中间的承天门为天门，北面三座城门。唐代东都洛阳城外郭城有十座城门，南面和东面各三座城门，南面中间城门定鼎门为正门，西面和北面各两座城门。北宋都城开封城共有十二座城门，南面三座城门，东面两座城门，西面三座城门，北面四座城门。南面中间的城门南薰门为外城正门。内城有十座城门，南北两面各三座城门，东西两面各两座城门。南面中间的朱雀门为内城正门。宫城有六座城门，南面三座城门，其中间的宣德门为正门，其他三面各有一座城门。金中都是在辽南京城基础上所建，它参考了北宋开封城的建制，包括有外城、皇城和宫城。外城有十二座城门，每面各三座城门，南面中间的丰宜门为正门。元大都有十一座城门，东、西、南门各三座，北门两座。南面中间的丽正门为正门。明北京城有外城和内城，外城居南，共有七座城门。南面三座城门，正门永定门居中，东西两面各一座城门，东北隅和西北隅亦各有一座城门。内城有九座城门，南面有三座城门，中间的正阳门为正门。其他三面每面各两座城门。上述都城均为南北轴线，正门居南，南城墙上一般设置三座城门。比较规整的都城，东、西城门亦各为三座，大概应属于"旁三门"之制。

汉长安城"一门三道"为考古发掘所证实。这与班固《西都赋》记载的"披三条之广路"，以及张衡《西京赋》记载之"参涂夷庭，方轨十二"相符。这种门制在先秦文献中已有记

载，如《十三经注疏》云："匠人营国，方九里，旁三门。国
中九经九纬，经涂九轨"。贾公彦疏曰："王城面三门，门有三
涂，男子由右，女子由左，车从中央。"从目前考古材料来看，
"一门三道"的形制可上溯到夏代都城偃师二里头第一号宫殿
建筑遗址，其南门即为"一门三道"。春秋晚期的楚纪南城，
其西城门（西城垣北门）和南城门（其中的水门）各有三个门
道。纪南城共发现七座城门，除了以上二门各为三个门道之
外，其余五座城门皆为"一门一道"[12]。由此可见，"一门三
道"在纪南城并未形成定制。

汉长安城所有城门"一门三道"的现象，在中国古代都城
中是出现最早的，此后这一制度为历代都城相沿。东汉洛阳城
每座城门皆有三个门道，洛阳城夏门的勘探则证实了这一点。
魏晋洛阳城沿袭了东汉洛阳城城门形制，《洛阳伽蓝记·序》
载：洛阳城"一门有三道"。《河南志》卷二引《洛阳记》载：
"洛阳有十二门，门有阁，闭中，开左右出入。"已进行考古发
掘和勘探的东魏、北齐邺南城朱明门，唐长安城郭城（除明德
门之外）城门、皇城城门和宫城正门承天门、大明宫正门——
丹凤门均为三个门道。唐洛阳城定鼎门、长夏门、厚载门、建
春门，皇城右掖门，宫城应天门等亦皆为一门三道。直至宋、
元、明、清，诸都城城门"一门三道"之制未变。不过需要指
出的是，中古时代有的都城城门"一门五道"，如唐长安城明
德门。明德门为都城正门，而唐长安城其他城门则仍为"一门
三道"。我们前面列举了一些宫城宫门"一门三道"，这些宫门
均为宫城正门，其他城门大多为"一门一道"。如唐大明宫共
十一座城门，除正门丹凤门为三个门道之外，其余十座城门皆
为一个门道。

（五）都城的给排水工程

1．给水工程

作为一个大都会，汉长安城的给水工程十分重要。长安城是在兴乐宫、章台、信宫和甘泉宫等秦都咸阳"渭南"宫室的基础上修建起来的，而渭河南岸秦宫苑的给水系统则又是以西周都城——镐京的给水系统为基础的。镐京的给水系统以沣、滈二水为源，以镐池为水库。西汉初年，长安城一方面利用了周秦时代的给水系统，另一方面又开发了沉水的水源。今潏河上游和滈河河道即汉代沉水故道。它由少陵塬西南的樊川，西北流经皇子陂、杜城、阿房宫故址东，至长安城西南角，并沿西城墙继续北流。在章城门附近，沉水分为两支，其中一支引沉水入长安城内，称为明渠。

明渠由章城门附近开始，至清明门附近流出长安城，系城内主要供水渠道。长安城的地势总的走向是西南高东北低，明渠流向大体也是从西南向东北。目前已勘探的明渠故道遗迹是从章城门向东约 800 米处进入沧池，然后从沧池北部流出，向北经前殿、椒房殿和天禄阁西边，流出未央宫。再向北流至今北徐寨附近，折向东流，经北宫南部，入长乐宫北部，从长乐宫东北部流至清明门附近。明渠承担了长安城未央宫、"北阙甲第"、北宫和长乐宫的供水。明渠故道在城内一般宽约 11～13、深约 1.5～1.7 米。明渠流出长安城后又分为两支，一支泄入城壕——王渠之中，王渠之水沿东城墙，北流注入渭河；另一支向东流，注入漕渠。

沧池是长安城中重要的给水设施。一方面作为水池有储水功能，可满足都城宫殿区用水；另一方面又有提高水位作用，使明渠畅流于城内高亢之地，供宫观楼阁用水。

沧池位于未央宫西南部，今西安市未央区未央宫乡西马寨村西南。故址现为一片洼地，地势低于周围1～2.5米。经勘探了解，池址平面呈不规整的圆形，东西400、南北510、深2.5～3米。沧池东北距前殿基址270米，沧池南岸和西岸分别在未央宫南宫墙以北250米，西宫墙以东700米。沧池又名仓池或苍池。

在长安城西部，汉武帝时修筑了"度比未央"、"千门万户"的建章宫。这里的供水是依靠沈水的另一分支，即沈水从章城门继续沿长安城西城墙平行向北流，至直城门南向西分出一支渠，进入建章宫。这条水渠向西经双凤阙，又西经建章宫前殿北部，流入太液池。而后从太液池西北流出，经今孟村东，又北流经泥河村，注入渭河。它主要是供应建章宫的用水。

沈水主流由直城门向北流至长安城西北角，又折转向东北流去，流向基本与北城墙方向平行，最后注入渭河。沈水在长安城西城墙和北城墙的这段主流，满足了西城和北城附近地区的用水，尤其对长安城西北部的工商业区而言，无疑是至关重要的。

西汉初期，长安城内主要有未央、长乐二宫。汉武帝即位后，扩建了北宫，新建了桂宫、明光宫和城西的建章宫，使长安城达到空前的建设规模。都城规模的扩大，使原来的给水系统已无法满足都城用水的需要。

据《汉书·武帝纪》载，元狩元年（公元前122年），汉武帝根据外交家张骞建议，派王然于、柏始昌、吕越人等，"间出西南夷，指求身毒国。至滇，滇王当羌乃留。为求道四岁余，皆闭昆明，莫能通"。元狩三年（公元前120年），汉武帝"减陇西、北地、上郡戍卒半，发谪吏，穿昆明池"。扬雄《羽猎赋》推测，汉武帝"穿昆明池，象滇河"。滇河即滇池，亦称滇南泽、昆明湖、昆明池。汉武帝所修昆明池池名当与滇之昆明池有关。其主要是为训练水军伐粤，也还应有攻滇的因素。但昆明池的开凿，在解决长安城给水和漕运方面却发挥了重要作用。

昆明池故址在今西安斗门镇附近，为一片洼地，低于附近地面2～4米，面积约为10平方公里。其四至范围为东自孟家寨、万村之西，西至张村和马营寨之东，南达细柳塬北，北到北常家庄以南。

昆明池水源是交水，交水和昆明池间有细柳塬横亘其间。为了把交水引入昆明池，当时人们在今堰头村附近修筑了石闼堰，使水量丰沛的交水自此北行，经西甘河、芦子河、三角村、孙家湾，穿越细柳塬，下至石匣口村，流入昆明池。在石匣口村东还可看到保留的昆明池进水口遗迹。当地人俗称其为"龙口道"，宽约200、深约4米。据称，当年此处有石构工程，村名石匣或源于此。为了避免昆明池水因交水流入量过大而泛滥，在交水下游的堰头村，又向西开通了流入沣河的泄洪道。昆明池西岸（今张村）还有一条通往沣河的东西向泄洪渠。前一条泄洪道控制了昆明池的进水量，后一条泄洪渠则控制了昆明池的储水量。两条泄洪渠在保证昆明池安全方面，起到了关键作用。

昆明池的出水口有两条，北面和东面各一条。由昆明池向北流出的一水称昆明池水。该水经镐京故址东和阿房宫遗址西，再向东北流入揭水陂，陂址在今西安市三桥镇一带。揭水陂是一座人工水库，其作用有二：一是储水，二是控制水流。从功能上讲，后者的作用大于前者。因昆明池比长安城地势高，如对池水不加以控制，昆明池北出之水将直泻入渭，这样既浪费，又难以全面保证长安城的用水，同时也危及都城安全。

揭水陂的修筑，尽管解决了一些昆明池和长安城之间由于地势高差过大而造成水流过急的问题，调节了水量，保证了长安城的给水和安全。但由于揭水陂与长安城的地势存在不小高差，而且二者距离甚近，无疑还存在程度不同的控制水流问题。为此，采取了多分细流的办法，在揭水陂东面和北面各开出一条支渠，减缓了水流速度，基本解决了两处因地势高差较大而存在的水流过急问题。

揭水陂东出之水称为"揭水陂水"。它东北流至长安城西南，注入沈水，使其水量骤增，从而保证了对明渠的供应，以满足城内诸宫用水。

沈水经章城门，被明渠大量截流，主流水量变微。为改变这一状况，揭水陂北出之昆明池水，于双凤阙南注入沈水主流，使之水量猛增，满足了建章宫的用水。

由上所述可以看出，昆明池池水通过揭水陂注入沈水，保证了长安城中的明渠、沧池和建章宫附近及长安城西部、北部的沈水水量充足。因此可以说，昆明池是长安城给水系统中的重要工程。

昆明池东出之水是有名的漕渠。它东北流经今西安市鱼化寨、大土门，从长安城南郊礼制建筑群遗址南边流过。又经长安城东南部，至东北与清明门流出的沈水支渠——明渠相汇，又东北流至池底村南。漕渠在这里分为两支，一支北流入渭；另一支东流横绝灞水，再向东经华县、华阴至潼关，汇于渭河。漕渠作用有二：一是用于漕运，二是供长安城南郊和东郊用水[13]。

长安城内宫殿、官署、邸第、里居等生活用水，多为井水。井有井台，其上铺砖，平面为圆形。井壁一般上中部以券砖或扇形砖砌壁，下部井壁置陶井圈。井的大小并不一致，因需而设。如未央宫椒房殿的水井井台为方形，边长3.5、井径1.54、深8.3米；未央宫少府（或其所辖官署）的水井井台长4、宽3.3、井径1.9米，井深不详；桂宫第二号宫殿的水井井台方形，边长3、井径1.4、深5米；未央宫中央官署的水井较小，井台长1.5、宽1.1、井径0.85、深7.1米。宫殿较一般官署人多、活动多，用水量大。因此，前者较后者水井修筑的较好，规模亦略大。

关于水井在建筑群中的位置，一般多置于建筑群的一隅，且距主要建筑不远，这样既不影响建筑整体布局，又方便使用。如未央宫椒房殿和少府（或其所辖官署）水井在建筑群东南部，桂宫第二号宫殿建筑遗址水井发现于该建筑群西北部，未央宫中央官署的水井则安排在官署建筑群的东北部。

大型建筑遗址附近水井的发现，说明人们把获取清洁卫生用水作为重要目标。由于社会生产力的发展，这一饮用井水的作法很快推广到民间。

2. 排水工程

从现有考古材料来看，长安城的排水工程已形成系统，设施基本完整。

长安城内的排水主要是依靠路沟，即街道两边的排水沟。

这种沟有的与城外的城壕相通，有的与城内大型排水渠道相连，由城内排水至城壕。城内街道路沟和排水渠在城墙底部构筑了涵道。如在长安城西安门发掘中，发现城门之下埋筑的排水涵道，以砖石为料砌筑，用砖券顶，涵道宽约 1.2～1.6、高 1.4 米左右。城内大型排水渠一般为明渠，它们多在城内由八街分隔的十一个区中，如在横门大街以西、西城墙以东、雍门大街以南、直城大街以北的"桂宫区"内。在桂宫北部发现一条东西向排水渠，其东至横门大街西侧路沟，向西横穿桂宫，约流至城西的城壕之中。排水渠为明渠，渠宽约 2、深约 1.5 米。在排水渠流经的宫殿建筑区内，由于城市排水设施规划和施工在前，为了保证宫城中建筑的整体布局，有些建筑要建于排水渠之上，这样排水渠便由明渠变为暗渠。如位于桂宫西北部的第三号建筑遗址的第七号房子之下，有砌筑的排水渠，渠道内宽 0.9～1.12、高 0.88～1.12 米（图一一）。渠壁以长条

图一一 桂宫三号遗址砖筑排水渠遗迹

砖砌成，顶部用子母砖券顶，渠底夯打处理。渠顶券砖在汉代房屋地面以下约 0.92 米。暗渠东西长约 14.6 米，暗渠东西两端均在第七号房子以外。类似的排水渠在其他诸区亦应存在，有的还不只一条，或有多条，这些情况有待今后考古工作进一步探明。

都城中宫殿、官署等的排水设施主要有地漏、排水管道。

地漏多发现于建筑群的一隅或天井院子中，一般位于地势较低处，便于雨水汇集。如未央宫中央官署遗址东院二号天井发现的地漏位于天井西边；桂宫第二号宫殿建筑遗址 A 区发现的地漏位于建筑群东北部，B 区发现的地漏位于三号天井中。地漏均为砖砌，大小不甚一致。如桂宫第二号宫殿建筑 A 区地漏，口呈方形，边长 60 厘米；B 区地漏口近方形，长 34、宽 32 厘米。未央宫中央官署遗址东院二号院地漏，口呈长方形，长 80、宽 66 厘米。地漏结构也不一样，如未央宫中央官署遗址地漏直接与五角形排水管道相接，桂宫第二号宫殿建筑遗址地漏则与附近砖砌排水道相连。

建筑群中的排水管道是其重要排水设施。长安城中许多重要建筑内的排水设施是五角形水管道。这种管道为陶质，表面饰斜绳纹，截面为五角形，底平、上尖、中空，一般长 62～67、通高约 40、底宽约 36～40、管道壁厚 6～7 厘米。管道顶部距当时地面之下约 10 厘米，因其顶部截面为人字形，减轻了上面的压力。这种管道一个连接一个，形成较长的地下排水管道。有的地方排水量较大，设置了并列的两排五角形水管道，如未央宫中央官署建筑的东院二号天井西边的五角形排水管道就是这样的（图一二）。在长乐宫还发现了上下两层的五角形水管道，其排水量之大可以想见。这种排水管道排列方式

图一二　未央宫中央官署排水管道遗迹

是下层并列三排五角形水管道，平底在下，尖顶在上；上层并列两排五角形水管道，平底在上，尖顶在下，上层水管道尖顶插入下层水管道尖顶之间。这组水管道宽1.32、高0.75、已清理长度12.95米（图一三）。

　　在建筑群的主体建筑之外，排水设施为露天的排水渠或排水沟，有的建筑群内的排水管道排水口直接通至排水渠或排水

图一三　长乐宫排水管道遗迹

沟内。如未央宫椒房殿北部有一南北长55米的排水沟，其上口宽0.9、底部宽0.7、深0.6米，沟壁以条砖砌筑。未央宫中央官署建筑的东、西院之间有排水渠，渠口宽3.2、底宽1.3、渠深0.8米。东院的地下五角形排水管道西口辟于排水渠东壁。除此之外，该排水渠还收纳东院、西院邻近的屋顶雨水，因此为明渠。该渠流至中央官署建筑的院墙处，即变为以五角形水管砌筑的暗渠。

城壕之中收纳的城内排水，由南向北注入渭河。

长安城给排水设施的重要特点是生活用水采取开渠引水，挖池蓄水，导渠输水，提高地下水位，凿井滤水、用水；排泄污水、雨水则于建筑群内地下化，全城排水渠网化，由宫内排到城内，由城内排到城外，由城壕汇流至渭河。古代还注意到将给排水工程开挖的渠、池与城市园林建设相统一，如昆明池、沧池、太液池等。它们不只是蓄水库，还是风景优美的池苑。这些都是东方古代都城给排水工程的重要特点。

注　　释

［1］《后汉书·班固列传》卷一百一十九，第 1336 页，中华书局 1965 年版。

［2］《汉书·江充传》记："充出，逢馆陶长公主行驰道中。充呵问之。公主曰：'有太后诏。'充曰：'独公主得行，车骑皆不得。'尽劾没入宫。"

［3］《汉书·叔孙通传》记载："惠帝为东朝长乐宫，及间往，数跸烦民，作复道，方筑武库南，通奏事，因请间，曰：'陛下何自筑复道高帝寝，衣冠月出游高庙？子孙奈何乘宗庙道行哉！'"晋灼注："《黄图》高庙在长安城门街东，寝在桂宫北。"

［4］《柳宗元集》卷二十六。

［5］陈尊祥《杜虎符真伪考辨》，《文物》1985 年第 6 期。

［6］《太平御览》卷一百九十一引《宫阙记》云："旗亭楼在杜门大道南，又有当市观。"

［7］《中国文物地图集·陕西分册》（下），西安地图出版社 1998 年版。

［8］同［7］；陕西省考古研究所《褒斜道石门附近栈道遗迹及题刻的调查》，《文物》1964 年第 11 期；秦中行等《褒斜栈道调查记》，《考古与文物》1980 年第 4 期。

［9］史念海《秦始皇直道遗迹的探索》，《文物》1975 年第 10 期；王开《"秦直道"新探》，《西北史地》1987 年第 2 期。

［10］同［1］。

［11］王仲殊《汉长安城考古工作的初步收获》，《考古通讯》1957 年第 5 期；王仲殊《汉长安城考古工作收获续记》1958 年第 4 期。

［12］湖北省博物馆《楚都纪南城的勘查与发掘》（一），《考古学报》1982 年第 3 期。

［13］黄盛璋《西安城市发展中的给水问题以及今后水源的利用与开发》，《地理学报》24 卷第 4 期，1958 年。

二 皇宫——未央宫

未央宫位于长安城西南部，即今西安市未央区未央宫乡，包括今大刘寨、西马家寨、小刘寨、柯家寨、周家河湾和卢家口等村。未央宫与长乐宫均在长安城南部，前者居西，后者位东，故二宫又分别称西宫与东宫。汉代方位以西为上，故西宫也称公宫[1]。

传说天上的紫微宫是天帝居室，未央宫作为天子的皇宫，亦称紫微宫[2]。

未央宫由丞相萧何主持监造，刘邦将其作为正式皇宫修筑。其始建于高祖七年（公元前 200 年）二月，高祖九年十月建成。未央宫建成伊始，高祖曾在未央宫前殿举行大型国宴。刘邦死后，其子刘盈即位，始以未央宫为皇宫，终西汉一代未改其制。

西汉末年，未央宫在战火中遭到严重破坏。东汉初年，光武帝虽曾下诏对其进行了修缮，但已难恢复昔日的宏伟壮观。初平元年（公元 190 年），董卓胁迫汉献帝迁都长安，还是以未央宫为皇宫。后赵建平三年（公元 332 年），石虎攻占长安。建平十二年（公元 341 年），他征发了雍州（今陕西中部）、洛州（今河南洛阳一带）、秦州（今甘肃天水一带）、并州（今山西太原及陕北一带）等地十六万人修筑未央宫，使其得到了部分恢复。此后，前秦、后秦、西魏、北周等皆以此为皇宫。开皇二年（公元 582 年），隋文帝在汉长安城东南创立新都大兴城，唐代更名长安城。隋唐时期，汉长安城故址成了新都禁苑的一部分。唐代初年，皇帝发怀古之幽情，还到未央宫凭吊古迹。贞观七年（公元 633 年），太宗李世民仿效汉高祖刘邦在未央宫设酒宴为其父李渊祝寿。会昌五年（公元 845 年），武宗还在未央宫中修复了二百四十九间殿屋。

（一）宫城

1. 宫城的勘察

未央宫选址于龙首塬，所谓"斩龙首山而营之"。这里是

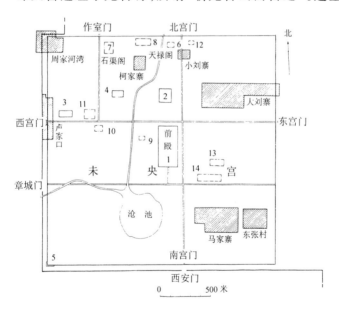

图一四　未央宫遗址平面示意图

1. 前殿　2. 椒房殿　3. 中央官署　4. 少府（或其所辖官署）　5. 宫城西南角楼　6. 天禄阁　7. 石渠阁　8～14. 第八至十四号建筑

长安城内地势最高的地方，高程 385～396 米。宫城东西墙各长 2150、南北墙各长 2250、宫城周长 8800 米，面积 5 平方公里，约占汉长安城总面积的 1/7。宫城平面近方形（图一四）。

宫城城墙墙体与墙基均为夯筑，宽 7～8 米。今地面之上已无宫墙痕迹。宫墙遗迹附近发现了不少汉代瓦片，推测宫墙顶部原来似有"屋顶"一类建筑。

据《三辅黄图》载："汉未央、长乐、甘泉四面皆有公车司马门。"公车司马门即宫门。勘探已发现未央宫四面各有一座宫门，分别连接一条道路，通至未央宫前殿。

考古勘探和试掘资料说明，未央宫四座宫门大小、形制相近，均为一个门道，宽约 8 米。门道进深与宫墙宽度基本相同。所不同者是东宫门之外有南北对称分布的两个夯土基址，二者南北间距 150 米。二夯土基址东西长均为 32 米，南北宽度不尽相同，北者宽 18 米，南者宽 14 米。西宫门和北宫门遗址曾出土铁矛、铁甲片、铜镞、陶弹丸等，北宫门遗址还出土了"卫"字瓦当。"卫"为"卫尉"省称，《汉书·百官公卿表》载：卫尉"掌宫门卫屯兵"。宫门遗址出土的遗物证实了宫门的性质。

《汉书·高帝纪》记载，萧何建未央宫时，于北宫门和东宫门之外修筑了高大阙楼。北宫门之外的阙址现尚未确定，东宫门之外南北对称分布的二夯土基址或与东阙有关。

未央宫偏处于长安城西南角，西宫门与南宫门之外即长安城西城墙和南城墙。未央宫与城内其他地方的联系主要是通过北宫门和东宫门。因此，北宫门和东宫门成为未央宫经常使用的两座宫门。

长安城设计是"前朝后市"，朝在未央宫，市于未央宫之北，故未央宫北宫门介于朝与市之间。

西汉时期，与长安城相对的渭北咸阳塬附近是皇室陵区，即著名的五陵塬，再北的甘泉宫是西汉王朝的重要离宫。这使长安城横门和未央宫北宫门处于十分重要的地位。

西汉时，上书奏事、谒见皇帝之官，都要到北宫门等候召见。北宫门之外有许多达官显贵的住宅，即文献记载的"北阙甲第"。

东宫门是"朝诸侯之门"[3]，皇亲国戚来往于未央、长乐二宫都要出入东宫门。出东宫门之路有"驰道"，可见这里还是皇帝出入的宫门。据《汉书·五行志》记载，西汉时未央宫的门阙共发生三起火灾，即"文帝七年六月癸酉，未央宫东阙罘罳灾"；"景帝中五年八月己酉，未央宫东阙灾"；"永始四年四月癸未，长乐宫临华殿及未央宫东司马门灾"。这些火灾均发生在"东阙"或"东司马门"，不见有其他方位的门阙发生火灾的记载。上述三起火灾发生的时间均在四月至八月，正是当地雷雨较多的季节，估计门阙失火可能多与雷电所击有关。如果这一推测成立的话，或可认为未央宫东门阙较其他方位的门阙规模更高大宏伟，或为宫城之正门。

南宫门与西安门相对，北有道路直达前殿。西安门之外是长安城的礼制建筑群，因而这座宫门不常使用。但由于长安城"面朝后市"、"左祖右社"的布局，前殿坐北朝南的取向，对长安城和未央宫来讲南宫门有着重要意义。

西宫门之外为长安城西城墙，去建章宫或许有飞阁。涉及这座宫门的实际活动不多。

未央宫除四座宫门之外，还有掖门。《长安志》卷三引《关中记》载：未央宫的掖门有十四座。有的掖门另有称谓，如作室门。

作室门辟于未央宫北宫墙，东南距石渠阁 60 米。作室门因"作室"而得名。《雍录》卷九记载："作室者，未央宫西北织室、暴室之类。"作室门是作室之中的工徒们出入未央宫的门户。

2．角楼的发掘

未央宫宫城四角修建了角楼，从勘探了解到只有西南角楼基址保存尚好。1988 年至 1989 年对其进行了考古发掘。

宫城西南角楼基址位于今西安市未央区三桥镇车刘村北。其西南两侧为汉长安城的西南二城墙。角楼基址夯筑，平面呈曲尺形，东西 67.4、南北 31.5 米（图一五）。基址东西向部

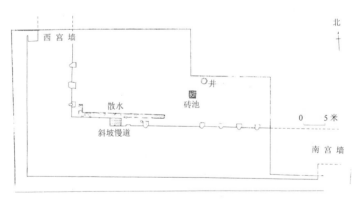

图一五　未央宫西南角楼遗址平面示意图

分南北宽 11.2～13.3、南北向部分东西宽 10.5 米。角楼基址北壁和东壁分别保存有五个和三个柱础遗迹。角楼基址北壁西部有斜坡慢道，其上铺砖。慢道自西向东坡，坡长 2.7、宽1.7 米，坡 10 度。角楼基址内转角与之平行分布有曲尺形散水，东西长 19.6、南北长 2.8、宽 0.88 米。散水以瓦片竖立

砌置，两边竖砌薄砖。角楼东北两面分别与南宫墙和西宫墙相连。此外，在角楼基址附近还发现了水井、砖池等遗迹，结合角楼遗址出土的剑、矛、弩机、镞、弹丸、铠甲片、胄片等兵器、武备遗物，以及陶盆、灯等生活用品，说明这里原有驻守戍卫角楼的士兵（图一六）。

图一六　未央宫西南角楼遗址

　　未央宫西南角楼实际上是先秦时代王宫之中用于警卫的"次"、"舍"之类建筑，其曲尺形平面的城隅角楼形制应是承袭了早期城隅角楼建筑的特点。如洛阳东周王城的西北角；临淄齐国故城小城东北角的城墙加宽，尽管其边缘不甚整齐，但大轮廓呈曲尺形。平面为方形的城隅角楼，时代略晚，如唐大明宫宫城西南、西北和东北城隅角楼遗址，均为方形夯土台基，边长 15 米[4]。

未央宫城隅的曲尺形建筑平面，与西汉时期许多重要皇室建筑的城隅建筑平面形制相近。如孝宣王皇后陵园墙基一般宽3.9 米，而在陵园东墙基北端（长 35 米）和北墙基东端（长30 米）宽分别变为 10 米与 5 米，形成陵园东北城隅建筑基址[5]。再如长安城南郊礼制建筑中的宗庙，其主体建筑的院落四隅，均有曲尺形建筑遗迹[6]。汉明堂遗址也在围墙四隅各有一曲尺形平面的廊庑遗迹，每边长 47、宽 5 米。这种廊庑实际上是城隅性质的安全防卫建筑[7]。

3. 宫殿、池苑、官署的配置

通过考古勘察，结合文献记载，我们了解到未央宫是一座有代表性的古代皇宫，宫城之中有鳞次栉比的宫殿、风景优雅的池苑、服务于皇室生活需要的各种设施与建筑等。

宫殿是宫城中的主要建筑，其又按使用功能的不同而分成各种类型。根据文献记载，前殿是大朝正殿，包括宣室殿（亦称宣室阁）、后阁、非常室等。后妃宫殿群中以椒房殿为首殿。另外，还有后宫掖庭等很多宫殿，如昭阳殿、增成殿、合欢殿、兰林殿、披香殿、凤凰殿、鸳鸯殿、鹓鸾殿、安处殿、椒风殿、常宁殿、发越殿、蕙草殿、芷若殿。此外，还有云光殿、九华殿、鸣鸾殿、开襟阁、丹景台、月影台和临池观等。寝居、政务、文化等方面的宫殿有清凉殿（亦称延清室、清室）、飞羽殿（亦名飞雨殿）、白虎殿、曲台殿、金马殿、承明殿（亦称承明庐）、玉堂殿、麒麟殿（亦名麒麟阁）、朱鸟殿、宣明殿、广明殿、昆德殿、金华殿、敬法殿、高门殿、天禄阁、石渠阁、柏梁台、钩弋殿、晏昵殿、长年殿、含章殿、大秘殿、龙兴殿、武台殿等。前殿约居未央宫中央，后妃宫殿多在前殿以北。至于其他宫殿建筑则多在前殿东西两侧。未央宫北部和西北部还分布着大量皇家手工业官署,如织室、作室等。

我们对上述宫殿等建筑中的前殿遗址进行了全面勘察和重点试掘,对椒房殿、少府(或其所辖官署)和中央官署遗址则进行了全面发掘。它们作为大朝正殿、后宫首殿、皇室官署和中央政府官署建筑是宫城中不同类型的最具代表性的建筑。除此之外,还有不少宫殿建筑在历史上知名度也很高,具有特殊意义,如天禄阁、石渠阁、麒麟阁等。它们对后代影响深远,这里根据新的考古资料予以简要介绍。

天禄阁位于未央宫北宫门附近,遗址在今小刘寨村西北未央宫小学之内(图一七)。据传,这里曾出土"天禄阁"字样瓦当和天鹿纹饰的瓦当。天鹿又称白鹿,是一种象征祥瑞的动物。汉代也把一种似狮如虎的动物,添加上双翼,称为

图一七　未央宫天禄阁遗址

"天禄",或名"辟邪"。它们多为石刻,也有玉雕者。当然天禄作为吉语,也可释为天赐福禄。天禄阁遗址地面之上现有一夯土台基,高约 10 米,底部平面近方形,边长约 20 米。经勘探,天禄阁遗址的夯土基址东西 55、南北 45 米,基址南边正中向南伸出的夯土范围为南北 15、东西 25 米。现在夯土台上还有后人修建的刘向祠,是人们为纪念西汉时在天禄阁整理典籍、著书立说的学者刘向而建立的。天禄阁为西汉初年丞相萧何所建,系西汉王朝皇室存放档案和重要图书、典籍的地方,当时不少著名学者,如扬雄等都曾在此工作过。

石渠阁位于未央宫西北部,北距北宫墙 60 米,与天禄阁东西相距 500 米,遗址在今柯家寨村西北 250 米,周家河湾村东 400 米。此地曾出土过"石渠千秋"文字瓦当,应为石渠阁建筑使用的瓦当。石渠阁遗址地面现存夯土台基高 8.74、台基底部东西 77、南北 65 米。经勘探,石渠阁基址南北 100、东西 80 米(图一八)。石渠阁系西汉初年萧何建造,因其下以石砌渠导水,故名石渠阁。据文献记载,始以入藏西汉政权从秦朝得来的各种宫廷档案材料和图籍,西汉晚期又扩及收藏"秘书"(《三辅黄图》)。石渠阁还是西汉时代著名的经学研究中心,大师硕儒韦玄成、萧望之、施雠、梁丘临、欧阳地余、林尊、周堪、张山拊、张生、薛广德、戴德、戴圣和刘向等都是这里最活跃的学者。历史上著名的"石渠阁奏议"即出于此处。

与以上二阁同时称名于世的麒麟阁,据传是汉武帝时因为祥瑞之兽麒麟出现而修建的。麒麟阁也是未央宫内的重要藏书之地,扬雄曾在此校阅图书。麒麟阁的另一重要功能是作为"纪念堂"使用。麒麟阁内壁画十分著名,内容是西汉功臣的图

图一八　未央宫石渠阁遗址

像，绘制逼真，呼之欲出。唐太宗李世民在唐长安城太极宫凌烟阁内图绘唐朝功臣勋将，纪念他们的丰功伟绩，很可能就是受到汉武帝麒麟阁的影响。十分遗憾的是，现在麒麟阁遗址的位置尚未确定。

除了上述三阁之外，在石渠阁遗址以东210米、天禄阁遗址以西160米，即今柯家寨村北亦发现一大型建筑基础。该遗址东西150、南北50米，可能是承明殿故址。承明殿亦称承明庐，是西汉王朝天子在皇宫延招儒生之处。承明殿还与金马殿并称皇宫中的"著作之庭"。承明殿约建于西汉初年，毁于王莽末年未央宫的战火之中。

以讲授礼教学问著称的曲台殿和金华殿，还有收藏地理典籍的朱鸟堂等，也是未央宫的重要文化性建筑。

除了以上列举的建筑外，比较重要的还有柏梁台、白虎殿等。

据文献记载，元鼎二年（公元前115年）汉武帝为了求神寻仙，在未央宫修建了柏梁台。据《汉书·食货志》记载：柏梁台高数十丈。又《汉书·郊祀志》载，此台以柏木为梁，以铜为柱。柏梁台的修建，开启了西汉中期都城大兴土木之先河，并使长安"宫室由此日丽"。柏梁台规模宏大，汉武帝曾在此台之上举行酒宴，"诏群臣二千石有能为七言诗者，乃得上座"。以诗唱歌，创造了诗歌联句、流传后世的柏梁体。但这座雄伟的建筑仅存十余年，便于太初元年（公元前104年）毁于火灾。关于柏梁台的位置，一说在未央宫北宫门附近，也有个别文献，如元李好文《长安志图》将柏梁台标于未央宫西部。今人更有将卢家口村的一段高大夯土说成柏梁台基址，显然此说不能成立。这一夯土基址很可能与未央宫西墙有关。现在还有人认为，汉长安城以西的柏梁村（东柏梁村、西柏梁村）为柏梁台故址所在。其实此村在建章宫西北，与汉长安城未央宫中的柏梁台没有任何关系。

白虎殿是西汉晚期重要的朝政之殿。皇帝召见大臣商议国家大事、匈奴单于来长安朝谒，以及天子慰劳将帅、封官拜爵等重大朝政事项皆在此殿进行。所以，当时首都的皇亲国戚大治第宅多仿照白虎殿修筑。白虎殿遗址应位于前殿遗址西部。前殿遗址以西虽已勘探出多座汉代宫殿建筑基址，但具体哪一座为白虎殿基址，还有待今后考古发掘去明确。

池苑是中国古代宫殿建筑的有机组成部分，沧池是未央宫的重要池苑。沧池之中筑造了假山——渐台，台上修建了亭榭楼阁，池光台影，风景宜人。西汉末年，王莽被农民军追赶，从前殿仓促逃至沧池渐台，欲以渐台四周的池水挡住追杀。但由于军队四分五裂，众叛亲离，最后王莽还是被商人杜吴杀死于渐台之上。

未央宫中的各种官署建筑很多，如已经考古发掘的少府（或其所属官署）遗址、中央官署遗址等。此外，还有服务于皇室的凌室、织室、暴室等建筑。

凌室是藏冰之所，藏冰以备酷暑降温。凌室由凌人负责。西周时期，朝廷已有凌人负责藏冰，汉代则继承了这一传统。未央宫的凌室规模可观，这是因为未央宫夏季用冰量大，而且凌室之中还要冷藏一些珍贵食品。

织室是为皇室制作各种高级丝织品的手工业作坊，暴室是属于织作的染练之署。织室和暴室均位于未央宫西北部。

（二）大朝正殿——前殿

1. 前殿的勘探与试掘

据《汉书·高帝纪》载，未央宫前殿建于高祖七年（公元前 200 年）。前殿遗址位于今西安市未央区未央宫乡马家寨村西北、大刘寨村西南。现存基址平面为长方形，南北长 400、东西宽 200 米。台基所在地势南低北高，最南端高出今地面 0.6 米，向北逐渐升高，北端高出今地面 15 米（图一九）。经考古勘探可知，前殿筑于原生土的丘陵之上，仅对其四周和表面进行了加工夯筑，然后再于其上构筑殿堂等建筑。这正如《水经注·渭水》记载：萧何修建前殿"斩龙首山而营之"，"山即基阙，不假筑"。丞相萧何选择龙首山丘陵作为前殿台基，主要是为了使前殿建筑显得更为高大、雄伟，从而体现皇帝的"重威"。当然，如此施工也节省了大量财力和人力，这在西汉初

图一九 未央宫前殿遗址鸟瞰

年，刚刚结束多年战争的情况下是十分必要的。

前殿遗址所在的龙首山，在秦王朝已有章台等著名建筑[8]。据考古试掘发现，在前殿遗址西汉早期地层之下还有战国时期的文化层，出土了与秦都咸阳第一号宫殿建筑遗址相同的瓦当、板瓦、筒瓦等遗物。在前殿台基西南部的发掘中，还发现了新石器时代仰韶文化墓葬。这些证明了这一台基不但不是汉初新筑，而且也不是秦王朝所为。早在原始社会，先民们就曾在此活动。

前殿基址约位于未央宫中部，距东、西、南、北宫墙分别为990、1060、860和890米。设计者的这种安排与古代天子重视"择中"观念是一致的。在前殿基址之上，有南北排列的三座大型宫殿，每座宫殿南面均有一个庭院。南部和中部宫殿之间的庭院有东西向长廊建筑横贯其中，中部和北部宫殿的东西两侧列置了厢房或廊房建筑，北部宫殿以北或为后阁建筑。

它高居于前殿所在山丘的北端。

南部宫殿基址位于前殿基址南端以北约 50 米，北距中部宫殿基址 94 米。其东距前殿台基东边 34～58 米，西距前殿台基西边 72～75 米。基址东西 79、南北 44 米。基址北部东距其东北角 56 米处辟一门，门道东西宽约 6 米。基址西部连接一东西向刀把形夯土基址。其东西长 56、南北宽 15 米，似为南部宫殿的附属建筑。

中部宫殿基址东西 121、南北 72 米，北距北部宫殿基址 32 米。中部宫殿西北角向西连至西部南北向廊道和前殿西慢道的基址夯土，东西 28、南北 21 米。西慢道南北宽 8、现存东西长 5 米。

南部与中部宫殿之间有一东西方向的夯土基址，东西长 134、南北宽 12～15 米，似为廊之类建筑。它把南部和中部宫殿分隔为南北两部分。其西端与前殿西通道相对，东端略偏北，为前殿东通道，南北宽 23、东西残长 5～12 米。"廊"距南部和中部宫殿基址分别为 33 米、47 米。

北部宫殿基址东西 118、南北 47 米。勘探发现，基址北边平直，南边凹凸不平，南边中间向南凸出。其东西两侧向北逐渐内凹。后阁基址南距北部宫殿基址 11 米，东西 143、南北 16 米。

在前殿基址南边，约东西居中位置有一门址，东西宽 46、现存南北进深约 26 米。此门或即文献记载之端门，端门为宫殿之正门。王莽当政时改称前殿为王路堂。《汉书·王莽传》记载："王路朱鸟门鸣。"据《史记·天官书》记载，朱鸟代表南方之神。朱鸟门当为王路之南门，即前殿之南门。可能在王莽时，前殿之端门改称朱鸟门。

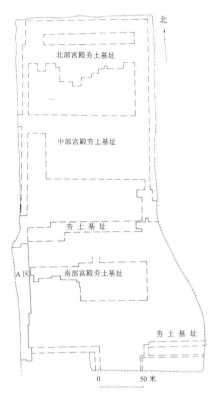

图二〇 未央宫前殿遗址平面示意图

前殿基址上的三座宫殿分别位于基址的三个台面之上。三个台面高差较大，中部比南部宫殿基址高 3.3 米，北部比中部宫殿基址高 8.1 米，后阁比北部宫殿基址高 3 米（图二〇）。

为了进一步了解前殿遗址的文化内涵，考古工作者于 1980 年对前殿遗址西南部和东北部进行了考古发掘。

前殿遗址西南部发掘区位于前殿遗址西边南部，南北长

128、东西宽 13.8～15.4 米。已发掘出四十六间房址，其中四十三间房址为南北排列，坐东向西。另外三间房址在发掘区南端，恰好位于前殿遗址西南角，三间房址为东西排列，坐北朝南。坐北朝南房屋的北墙和坐东朝西房屋的东墙，一般分别利用前殿基址南壁和西壁。房屋墙体夯筑，夯土纯净，坚硬结实。房子地面多为土坯墁地或草泥地面，个别还有方砖铺地的，但以草泥地面居多。土坯墁地的房子大多在北部，草泥地面者多在中、南部。这排房屋北部保存较好，南部残破的比较厉害。从现存房屋遗迹来看，有的房屋由两间或三四间组成套房，也有单座房。后者有些可能也属于套房，不过因现状仅存一间房的残迹，很难再做出进一步推断。从现存房屋遗迹来看，套房由四座房组成的有一套，由三座房组成的有五套，由两座房组成的有两套，其余为单座房者二十三座。从进深、面阔保存完整的每座房屋来看，其面积小者仅 7 平方米（F11），大者也不够 20 平方米（F4 仅有 19.95 平方米）。保存完整的十六座房屋，总面积为 179.88 平方米，平均每座房子的面积为 11.24 平方米。

前殿遗址西南部发掘的四十六间房址。其平面大多为方形，长方形者较少。前者主要在中、南段，后者在北段。长方形房址面积较大，地面铺土坯，大多系库房或办公用房。方形房址大多为内外屋形式，这类房子大概是供办公或居住使用的。这一房屋建筑遗址群出土的遗物比较丰富，砖、瓦、瓦当等建筑材料是其中的大宗。砖以铺地砖为主，边长 33～36、厚 4～5 厘米，分素面和带纹饰的两种，纹饰有方格纹、几何纹、菱形格米字纹等。板瓦和筒瓦上的陶文戳印不少，如"宫廿五"、"工七"、"大卅一"等，说明这些建筑材料均由官方组织生产。遗址内出土的时代较早的变形葵纹瓦当和时代较晚的"长生无极"文字瓦当，反映出建筑物使用时间较长，并曾经过多次修缮。遗物中的陶碗、陶盆、陶瓮、陶罐、陶灯、纺轮等物，应是生活在这些房屋中的人们的日常用品。他们身份不高，可能为宫廷中一般杂役人员。遗址内出土的磨石、铁斧、铁锛、铁臼、铁铲、铁镰等工具，以及剑、刀、弩机、镞等兵器，说明这些人还承担一些生产活动和安全保卫任务。陶博局的发现反映了宫廷之内也有"博局"活动。此外，在汉长安城

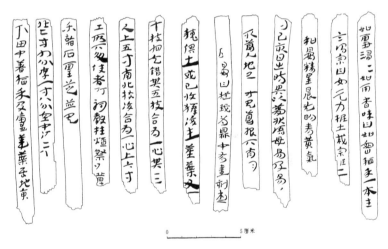

图二一 未央宫前殿遗址出土木简（摹绘）

遗址考古中首次于此发现了一百一十五支木简（图二一）。木简分别出土于第十三号房屋和第二十六号房屋之内。由于所在房屋毁于战火，木简也被烧成炭状，但木简上文字还依稀可辨。木简残长 13～15.6、宽 1～1.3 厘米，木质为杉属，系墨书隶字，内容涉及医药、人名、祥瑞记事等。

　　遗址内出土的货币有西汉五铢，也有大泉五十、货泉和么泉一十等王莽时的钱币，为我们判定这一建筑遗址的时代提供了佐证。

　　根据上述房址所处位置推断，其应属前殿的附属建筑。从这些房址中出土的兵器、工具、生活用品和记录治病、健身内容的木简等遗物来看，这组房址居住者可能是西汉至王莽时期服务于皇室的一般工作人员。他们在皇宫从事着保卫、医疗和正常的管理、劳务等活动。

　　前殿遗址东北部清理的建筑遗迹，以南北向慢道为中心。慢道东西宽 5、已清理部分南北长 16 米，呈南高北低的坡形，地面铺置条形砖。慢道以东 1.5 米有彼此相连的四座小房屋，它们的形状、大小各异。靠近慢道的南北排列的房子，北侧房子较小，每座面积 14.19 平方米，而南侧房子较大。房址内出土的剑、矛、弩机、镞等兵器，说明这里可能是守卫人员用房。慢道以西的夯土台基可能是为来往于东部慢道的达官显贵们的休息处所的基础。夯土台基平面为长方形，南北 23.25、东西 5.5～8.1 米。台基东西两侧有宽敞的廊道，廊道之外又有檐廊，廊道和檐廊地面均以条形砖铺置。前殿东北部遗址出土的云纹瓦当时代跨度较大，早可到西汉初期，晚可至西汉末年，说明该处建筑使用时间之长几与西汉一代相始终。遗址内清理发现的"长生无极"、"千秋万岁""与天"等文字瓦当，说明此处不是一般建筑。遗址还出土"卫"字瓦当，"卫"为卫尉省称，"卫"字瓦当反映出这群建筑物的卫戍性质。

2. 前殿形制的研究

　　秦汉时期，以前殿为天子大朝正殿。前殿之名曾见于《史记·秦始皇本纪》。其载：秦始皇二十七年（公元前 220 年）

"作甘泉前殿"；三十五年（公元前 212 年）"营作朝宫渭南上林苑中，先作前殿阿房"。汉承秦制，刘邦曾在长乐宫前殿举行朝会，在未央宫修建前殿作为布政之宫殿；汉武帝修筑了"度比未央"的建章宫前殿。汉代皇帝在北宫前殿"张羽旗，设供具，以礼神君"[9]。甘泉宫则为西汉一代皇帝的主要离宫，皇帝每年至少有三四个月在此，故元封二年（公元前 109年）汉武帝在甘泉宫内营建前殿。在宫城中，前殿作为大朝正殿，居各殿之前。

秦汉之前殿即周之"路寝"。因此，王莽当政后复古改名未央宫前殿为王路堂，王路堂"如言路寝"。魏明帝又改称太极殿，后代长期沿用此名。

前殿居未央宫中央，宫城内的宫殿、官署等建筑均在其两侧或后部。这种布局对后代宫城中前殿、太极殿或其他正殿位置安排有着深远的影响。汉洛阳城南宫中的前殿、北宫之德阳殿，曹魏邺北城宫殿区的文昌殿，建业城太初宫的神龙殿、昭明宫的赤乌殿，晋建康城、北魏洛阳城、东魏和北齐邺南城、隋大兴城、唐长安城等宫城中的太极殿，大明宫中的含元殿，隋唐洛阳城宫城中的乾元殿（武则天时改为明堂，玄宗时毁明堂又建含元殿），北宋开封城宫城的大庆殿，金中都宫城中的大安殿，元大都宫城的大明殿，明清北京城宫城中的皇极殿、太和殿等，这些正殿一般都在宫城之内东西居中位置。其南与宫城正门相对，二者之间或无建筑，或仅南北设置几重"门"而已。其他重要宫殿均在其后，或在其东西两侧。

前殿坐北朝南，正门为南门。从考古发掘的前殿东北部遗址情况来看，北面亦应有上殿之道。前殿东西两侧上殿慢道发现三处，其中东边一处，西边两处。前殿台基周围有附属建筑，如在前殿西侧南段和前殿南侧西段发现的南北与东西排列的房屋。前殿之上南北排列三座大型宫殿，北部还有一附属建筑。前殿南门两侧筑有南墙。前殿中部和北部、宫殿东西两侧分别有封闭性廊道。特别值得注意的是南部与中部宫殿之间，东西横亘的廊道将前殿分为两大部分。廊道以南为南部宫殿，以北为中部和北部宫殿及附属建筑。前殿南门与南部宫殿之间有一东西约150、南北约50米的广场，这大概就是文献记载的"庭"。过去学者们多以为前殿系一座宫殿，但考古勘探资料说明前殿是一组大型宫殿建筑群。未央宫前殿应包括南、中、北三座宫殿，其间并有宏大的庭。庭和南部宫殿当为举行大朝、婚丧、即位等大典之用，或为"外朝"之地。中部和北部宫殿可能为"内朝"、"正寝"。据文献记载，未央宫前殿有"宣室"，也有的称"宣室殿"。宣室被认为是前殿的"正室"，或曰"正处"、"布政之室"。"正室"即正殿，"布正之室"即布政之殿。布政的殿堂为"正室"。前殿的南、中、北三座宫殿面积分别为3476、8280、4230平方米，中部宫殿面积最大，推测此殿为"宣室"之故址，北部宫殿和附属建筑可能为皇帝之"后寝"。未央宫前殿的三殿布局形制在后代宫城三殿之制方面有着清楚的反映。如唐长安城宫城中的太极殿、两仪殿、甘露殿，大明宫中的含元殿、宣政殿、紫宸殿，北宋开封城宫城的大庆殿、文德殿、紫辰殿，明南京城的奉天殿、华盖殿、谨身殿，明北京城的皇极殿、中极殿、建极殿，清代更名为太和殿、中和殿、保和殿。由此不难看出，未央宫前殿的"三大殿"制度对后世影响之深远。

未央宫前殿是高台建筑。高台建筑在战国、秦汉时期相当流行，但只有重要的建筑才采用这种形式，如齐国临淄城小城中的桓公台遗址，赵国邯郸城宫城中的龙台遗址，燕下都的武阳台、望景台、张公台和老姆台遗址，秦咸阳城咸阳宫牛羊村、纪家道高台建筑遗址等。需要指出的是，上述战国时期主体建筑的基址均为夯筑，如齐故城桓公台基址，东西70、南北86、高14米；邯郸赵王城龙台基址，东西264、南北296、高16.3米；燕下都武阳台主体宫殿基址，东西140、南北110、高11米；秦咸阳宫第一号宫殿高台基址，东西60、南北45、高6米。纪家道秦宫殿遗址方形平面边长150米，遗址中部尚存高台基址，东西49、南北34米、高5.8米，连同其地下基础，夯土厚达16米。

秦代营筑阿房宫时，不同于上述战国时期的大型高台宫殿建筑，而是利用了当地龙首塬高起的地形，四周加工夯筑。未央宫前殿基址承袭了这一方法。唐长安城大明宫含元殿为大朝正殿，也是利用龙首塬东址南缘铲削加夯建成的高台建筑。这比战国高台建筑基址的处理方法节省劳力，又达到构建高台之目的。

（三）皇后正殿——椒房殿

1. 椒房殿的考古收获

椒房殿是皇后居住的宫殿。古代文献中往往也以椒房作为皇后的代称。据《汉官仪》载："皇后称椒房。"椒房是以椒和泥涂壁，使屋内呈暖色，散清香。又取其"椒聊之实，蕃衍盈升"。《汉书·车千秋传》记载：未央宫有椒房殿。西汉初年，曾经作为皇宫使用的长乐宫也设置有椒房殿。椒房殿是皇宫中必需配置之宫殿。

图二二　未央宫椒房殿遗址鸟瞰

　　椒房殿遗址位于西安市未央区未央宫乡大刘寨村西 290
米，南距未央宫前殿遗址 330 米（图二二）。考古工作者在前
殿基址与椒房殿遗址之间进行了全面考古勘探，除发现一些小

型汉代建筑址外，未发现规模大于或相当于椒房殿遗址的汉代建筑遗址。也就是说，椒房殿遗址是在前殿基址北部距其最近、规模最大的汉代宫殿建筑遗址。

关于椒房殿地望，《汉书·王莽传》中有所反映。其载：王莽末年，"城中少年朱第、张鱼等恐见卤掠，趋讙并和，烧作室门，斧敬法闼，呼曰：'反虏王莽，何不出降？'火及掖廷承明，黄皇室主所居也。莽避火宣室前殿，火辄随之"。掖廷即掖庭，掖庭与承明殿相邻，承明殿在前殿以北，掖庭亦应在前殿之北。《汉官六种·汉官仪》云："掖庭后宫所处。"班固《西都赋》亦云："后宫则有掖庭、椒房，后妃之室。"掖庭在前殿之北，同属后宫的椒房亦应地处前殿之北。作为皇后所居的椒房殿，自然要比婕妤以下妃嫔、宫女所住的掖庭离前殿近些、规模更大些，据此可证明考古发现的椒房殿，与上述文献记载的皇后宫殿地望是一致的。

1981年至1983年，考古工作者对椒房殿遗址进行了考古发掘，发掘面积1.24万平方米。椒房殿遗址东西130、南北148.75米。该遗址主要可分三部分，即正殿、配殿和附属房屋建筑。正殿位于椒房殿南部，配殿在正殿东北部，附属房屋建筑在正殿北部、配殿西部（图二三）。

正殿遗址为一夯土台基。70年代末平整土地时，该夯土台基曾被取土破坏，台面础石、础窝痕迹均已不复存在。现存台基面仅高出汉代正殿廊道地面0.2米。根据勘探了解，正殿地下基础部分夯土厚约2米。正殿台基平面呈长方形，东西547、南北29～32米。台基四壁有壁柱。正殿遗址夯土台基之上主要有南部殿堂和北部庭院。正殿台基南、北、东三边均有壁柱，西壁清理时未发现壁柱。南壁有壁柱十二个，壁柱间距

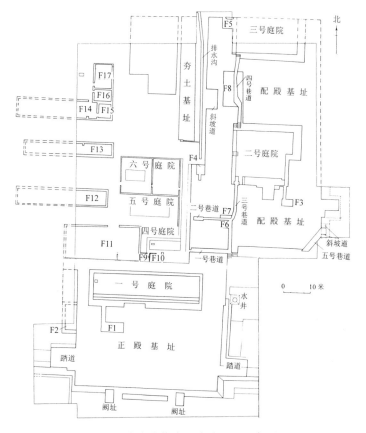

图二三　未央宫椒房殿遗址平面示意图

不等，大多为3.5～4米。柱槽截面方形，边长0.4米，础石
均仍保存。础石平面一般为长方形或方形，长0.5～0.8、宽
0.4～0.7、厚0.2米。东壁发现十个础石，壁柱间距多为4.5
米左右。北壁发现十一个壁柱，壁柱间距多为3.5米左
右。

殿堂周施回廊，廊道均为方砖铺地，四面廊道宽度不尽相同，南廊宽 2.4、东廊宽 2～2.2、西廊宽 1.2、北廊宽 2.2米。南廊最宽，这与正殿坐北朝南，南面为其正面有关。殿堂东西设有踏道，这是出入殿堂的主要门道。殿堂台基之上的西北部有一地下房屋，其平面为长方形，东西 8.7、南北 3.6米。房屋北墙辟门和通道，向北通至正殿北部庭院。房屋和通道地面低于现存正殿台基面 0.55米，估计低于原正殿地面2.5米左右。通道东西宽 1.25、南北长 5.7米，通道东西壁各有四个壁柱，对称分布于两壁。门道置于通道北端，宽 1.25米，门道置木槛。此屋应为正殿地下室，或作"秘室"使用。作为皇帝后妃的宫殿之中设置地下的"秘室"，在其他汉代后妃宫殿遗址中也有发现。在正殿台基之上的东北部，清理窖穴一处，其口径 0.76、底径 0.6、距现存台基面深 1.9米（推测原来深约 4米）。窖穴内清理出动物骨骼，经鉴定为鸡骨。这里可能是用于储藏食品的窖穴。

正殿北部有一庭院，平面为长方形，东西 43.7、南北12.2～13.6米。庭院四周置廊道，东、西、北廊宽分别为1.2、1.7和1米，南廊宽 2.3米。庭院南廊即正殿北廊，故其宽于其他三面廊道。四面廊道均以方砖铺地。庭院南廊以北有一与之平行的卵石散水。东西长 41、南北宽 1.2米。此散水亦即正殿北廊外散水。庭院中间为天井，天井东西 41、南北 7.7米，地面铺方砖。天井地面东高西低，庭院排水地漏位于天井西北部，地漏口长 1.1、宽 1、深 0.7米。

配殿范围南北 86～87、东西 44.5～50米。配殿由南北二殿组成，二殿之间和北殿北部各有一座庭院。配殿之内分布有五条巷道。

配殿之南殿台基东西50、南北32.5米。南殿台基东部和南部各辟一踏道，前者规模较大，后者规模较小。

南殿台基东踏道东西长7.2、南北宽7米。踏道东部为一斜坡道，东西2.75、南北3米。踏道分为南、北道，二道之间有1米宽东西向隔墙。南、北道各宽3米。踏道南北各置廊，南、北廊宽分别为1米、1.2米。这种形制的踏道在汉宣帝杜陵寝园的寝殿遗址中也曾发现。东踏道应属于进出南殿的主要通道。

南殿南踏道位于该殿偏西处，踏道东西宽2.4、南北长1.1米，自南向北有三级踏步。踏道北连平道，其宽同踏步，南北长2.5米。在这个踏道西边为一号、二号和三号巷道的共用南端进出口踏道。南殿南踏道虽然规模小，但重要性不容忽视。它连接了南殿与各主要巷道，又通过一号巷道和二号巷道与椒房殿正殿以北的附属建筑之四号、五号和六号庭院相通。通过三号巷道北门可进入南殿北部庭院，由庭院南廊东端可进入南殿地下室。由庭院北廊东端，登踏步可进入北殿。出三号巷道北门，穿过南殿庭院西廊，可进入四号巷道，出巷道北门可进入北殿北部庭院。

南殿北部偏东有一地下房屋建筑，东西4.1、南北2.2米。北壁西端辟一南北通道，长4.6、宽1米。通道北端置门。房屋南、北壁各有四个壁柱，对称分布于二壁。通道东、西壁亦各有四个壁柱，对称分布于二壁。房屋和通道地面均低于今南殿台基面0.5米。估计原来房屋和通道之内的高度不低于2米。

南殿西北隅有一房屋，东西面阔3.2、南北进深3.6米。房屋坐南朝北，北壁辟门。南壁辟通道，南北长2.1、东西宽

0.8 米，通道南出至南殿台基之上。

南殿北部庭院平面近方形，东西 22.3～26.8、南北 22.5～28 米。庭院四面置廊，东廊南段宽 1.2、北段宽 3 米，西廊宽 1.7 米，北廊宽 2.5 米，南廊宽 3 米。庭院南廊和北廊分别为南殿北廊与北殿南廊。

西廊中部有一踏步，由空心砖砌筑。自东向西有四级台阶。踏步平面东西 2.2、南北 1.5 米。

北廊东部有一踏步，自南向北有四级台阶，踏步南北 1.7、东西 2、高 0.68 米。北廊西端又有一踏步，自南向北有四级台阶，踏步南北 1.7 米、东西 1.4 米。

庭院天井东西 19～21.6、南北 16.4 米。天井和廊道均以方砖铺地。

北殿台基东西 43.5、南北 23.2 米。北殿台基西部有一房屋，东西 8、南北 13.2 米。台基西北部有一房屋，东西面阔 4、南北进深 4.2 米，北墙西端辟门，门道宽 1.2 米。此房应系门房一类建筑。

北殿北部庭院东西 27.7、南北 15.75 米。庭院东、西、南廊宽分别为 2.75、1.5、2.25 米。庭院天井东西 23.2、南北 13.5 米，天井和廊道均以方砖铺地。西廊道南端有一自北向南的踏步，南北长 0.6、东西宽 1.5 米。

北殿属于配殿的后殿，进出北殿的踏步和踏道有四处。由南面进出北殿有其南廊东部和西端的各一踏步（即南殿北部庭院北廊的东部和西端之二踏步），由北面进入北殿有其北廊西部踏步（即北殿北部庭院西廊北端的踏步）。由东面进入北殿则先从南殿东部踏道进入，再折向北，过南殿北部庭院东部，再折向西进入北殿。另一出入北殿的通道椒房殿遗址在北殿

图二四　未央宫椒房殿巷道遗迹

台基西部，系一斜坡道，宽1.6、长2.7米。

　　的巷道均分布于配殿遗址区内，主要在配殿西部，其中四条巷道在南殿，一条巷道在北殿（图二四）。这些巷道在古代建筑遗址中罕见，有关其分布位置、形制结构和使用功能的研究，对探讨与之相关的建筑物性质至关重要。为此，我们简要介绍一下这五条巷道的情况。

　　一号巷道位于南殿南边西段，巷道为东西方向，东西长13、南北宽1.6、现高1.45米。巷道南、北壁以土坯包砌，其外抹草泥，表面涂白灰。巷道地面以条砖铺置。一号巷道东端置门，西端有自东向西踏步，东西长 0.9、南北宽 1.6 米，共有四级空心砖台阶。踏步西连通道，通道南北宽 1、东西长 0.9 米。

二号巷道位于一号巷道北 11 米，二者南北平行排列。二号巷道东西长 13.5～14.4、南北宽 0.7～1.4、现高 1.2 米。巷道西端置踏步，自东向西有三级空心砖台阶。踏步东西长 1、南北宽 1.4、高 0.51 米。踏步西端接通道，其宽 0.5 米。二号巷道东端与三号巷道相连。二号巷道地面铺置地板。

三号巷道位于南殿西部，为南北方向巷道，一、二号巷道东端均通至三号巷道之中。三号巷道北端在南殿北部庭院的西南角，南端在南殿台基南边和一、三号巷道相交汇处。三号巷道南北长 27.2、东西宽 1～1.3、现高 1.37～1.75 米。巷道东西壁布列有十几对壁柱。巷道地面铺置条砖，磨砖对缝。巷道南北端各置一门。南门宽 1.3 米，有木门槛。门外有踏步，踏步南北长 1.8、东西宽 1.5、现高 1 米，自北向南有五级空心砖台阶。北门宽 1.3 米，有木门槛。门外连一南北长 2.7 米的通道，通道宽 0.8～1.3 米。

四号巷道位于北殿西部，为南北方向巷道。巷道南北端分别在南殿北部庭院西北角和北殿北部庭院西南角。巷道南北长 27.15、东西宽 0.9～1.5、现高 1.2～1.7 米。巷道东西壁各有十五个壁柱，对称分布于二壁。巷道东西壁下部以石板砌壁。石板长 0.82、宽 0.36、厚约 0.04 米，以圆帽铁钉（石板上有钉孔）固定于墙体表面。巷道地面铺条砖。四号巷道北门宽 1.5 米，有木槛。北门以北 5.1 米有自南向北的三级空心砖踏步，踏步南北长 0.75、东西宽 1.5、高 0.59 米。巷道南门保存不佳。门址以南 5.5 米有自北向南的五级空心砖踏步，南北长 2.06、东西宽 1.3、高 1.1 米。

五号巷道与前四条巷道形制不同。五号巷道位于南殿台基东南隅，巷道方向北偏东 40 度。巷道长 7.3～11.1、宽 1.3、现高 0.85 米。五号巷道只有一个出入口，位于巷道东北部，出入口外有南北向斜坡道，南北长 2、东西宽 1 米，坡 11 度。坡道与巷道地面均为方砖铺地。

配殿巷道原来构筑于宫殿地面以下，属于地面之上看不见的地下通道，或称暗道。这些巷道穿行于宫殿地面以下，连接着建筑群中的有关部分。比如配殿南北两座庭院之间可由四号巷道南北连接二者；由配殿南部进入南殿北部庭院可通过二号巷道；由椒房殿正殿北部附属建筑群进入配殿庭院或北殿，均可通过一号巷道和二号巷道，再转入三、四号巷道即可。反之，由配殿进入附属建筑亦然。

巷道方便了宫殿建筑群内的来往交通，同时还不影响宫殿里的正常活动。在巷道中来往，还可能有保密的作用。这就是为什么在西汉后宫的宫殿建筑群遗址的考古发现中，不止一处建筑遗址中清理出这类巷道建筑遗迹。

椒房殿附属建筑群主要包括庭院和房屋群，其中庭院有三座、房屋有九座。庭院在东部，南北排列。房屋在西部，亦为南北排列，多为长条形房屋。

椒房殿遗址内的给排水设施主要发现有正殿东部的水井、北部庭院的地漏和配殿北部西边的排水沟。

正殿以东 3 米有一汉代水井，水井口径 1.54、深 8.3 米。由井口向下 7 米，井壁以券砖砌筑。其下井壁安置陶井圈四节至井底。井圈内径83～105、高18～23、壁厚2.5厘米。井底部为锅底形。井台方形，边长3.5米，台面铺方砖（图二五）。

庭院地漏用于排泄天井中的雨水。配殿北部西边的排水沟一方面收入地漏通过地下排水管道排入的废水；另一方面作为明沟，它也将建筑群内的雨水排出椒房殿之外。排水沟已发掘部分，南北长55、上口宽0.9、底宽0.7、深0.6米。沟壁以条砖砌筑。

2. 关于汉代皇后宫殿的研究

未央宫椒房殿遗址是目前惟一进行考古发掘的中国古代皇后宫殿遗址。

椒房殿是后宫的首殿，帝王、后妃之宫称后宫。

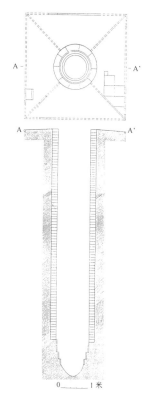

图二五 未央宫椒房殿遗址
水井平、剖面图

《史记·李斯列传》记载："郑卫之女不充后宫。"《史记·田敬仲完世家》记载："田常乃选齐国中女子长七尺以上为后宫。"先秦时期，后宫又称北宫。据《周礼·内宰》载："宪禁令于王之北宫。"郑玄注："北宫，后之六宫"。北宫是根据宫的相对方位而命名的，对照物应为路寝，即后妃之宫在帝王路寝之北，故名北宫。因为路寝和北宫所取方向均为坐北朝南，从方位而言，南为前、北为后，故秦又称路寝为前殿，这是相对后宫而命名的。椒房殿遗址的考古发掘，说明了在宫城之中有皇帝的大朝与后妃的寝宫，二者的排列为前者居南、后者位北，基本在同一条南北直线上。

椒房殿为后宫首殿。椒房殿遗址的发掘资料表明，它与皇帝大朝的前殿一样，亦由正寝和燕寝两部分组成。椒房殿遗址的正寝属于正殿或朝[10]，其配殿和附属建筑则为燕寝或寝。从这一点而言，前殿与后宫应该是同制的。《周礼·宫人》记载有"王六寝"和"后六寝"，说明西汉时期未央宫的前殿与椒房殿这种"前朝后寝"的同制有着久远的历史渊源。

椒房殿遗址的发掘，使我们对汉代皇后宫殿形制特点有了比较清楚的了解，如汉代后妃正殿平面为长方形，规模一般面阔约50、进深约40米。已发掘的汉代后妃宫殿正寝类遗址莫不如此，椒房殿正殿、孝宣王皇后陵的寝殿和桂宫第二号建筑（A区）的主殿（后妃宫殿的正寝）可为佐证。再如椒房殿正殿之内的地下房屋和正殿北部的大型庭院、配殿中的巷道等，都是椒房殿建筑很有特色的地方。在桂宫后妃宫殿中也有同样情况。

在椒房殿遗址发掘中，出土了大量的砖、瓦、瓦当等建筑材料，其中数量众多的瓦当尤为重要。椒房殿遗址出土的瓦当主要包括两大类，即云纹瓦当和文字瓦当，二者约各占出土瓦当总数的1/2。在云纹瓦当中，有一种面径20.5～21厘米的大瓦当，这在以往宫殿建筑遗址发掘中很少发现，由此不难想像当年椒房殿建筑体量之宏大。这里出土的文字瓦当有三种，即"长乐未央"、"长生无极"和"千秋万岁"。其中"长生无极"瓦当约占出土文字瓦当总数的2/3。这种现象不是偶然的。根据我们对汉宣帝杜陵陵寝建筑遗址出土瓦当研究，宣帝杜陵园东门遗址出土瓦当一百三十个，其中云纹瓦当三个、"长生无极"瓦当九个、"长乐未央"瓦当一百一十八个。后者占出土瓦当总数91％，占出土文字瓦当总数93％。"长生无极"瓦当占出土瓦当总数7％，占出土文字瓦当总数7.1％。孝宣王皇后陵园东门遗址出土瓦当五十九个，其中云纹瓦当十四个，"长乐未央"瓦当十九个，"长生无极"瓦当二十六个。后者占出土瓦当总数44％，占出土文字瓦当总数58％。"长乐未央"瓦当占出土瓦当总数32％，占出土文字瓦当总数42％。宣帝杜陵寝园遗址出土的一百六十五个瓦当均为"长乐未央"瓦当。

上述情况说明，汉宣帝时皇帝的陵园门阙、寝园建筑使用的瓦当，以文字瓦当为主，其中又以"长乐未央"瓦当最具代表性。属于皇后的陵园门阙、寝园建筑使用的瓦当亦以文字瓦当为主，但以"长生无极"瓦当最具代表性。这使我们认识到，未央宫椒房殿遗址出土文字瓦当中以"长生无极"瓦当数量最多不是偶然的。它说明西汉中晚期皇室、后妃宫殿建筑使用的文字瓦当有一定规格，"长生无极"瓦当是属于这类建筑大量使用的文字瓦当。类似情况在近年考古发掘的汉长安城桂宫第二号建筑遗址中也有发现。

（四）少府（或其所辖官署）遗址

1987年至1988年，考古工作者发掘了未央宫少府（或其所辖官署）建筑遗址。该遗址位于西安市未央区未央宫乡柯家寨村西南，东南距未央宫前殿遗址430米，东距椒房殿遗址

图二六　未央宫少府（或其所辖官署）遗址鸟瞰

350米。遗址在未央宫西北部（图二六）。

少府是汉代九卿之一，专门负责管理帝室财政和皇宫供养，收取全国的山海池泽之税。它是皇帝的总管，其机构庞大、属官众多，在九卿之中位居第一。根据文献记载，少府及所辖的尚方、永巷、宦者、钩盾、内者、织室、太官、暴室等官署均设在未央宫中。

据文献记载，未央宫中的少府诸官署，大多分布在未央宫西北部，为此在石渠阁西部的未央宫北宫墙上辟有作室门。此门是为方便少府各作室"工徒出入之门"。由作室门有南北路通入未央宫内，南与前殿北部横贯未央宫的汉代东西路交汇。在这条南北路附近有少府管辖的各种"作室"。少府及其主要官署应在前殿和天禄阁遗址南北线以西，作室门内汉代南北路附近。前殿北邻东西路以北，石渠阁与天禄阁东西线以南，主要在今西安市小刘寨以西和柯家寨一带。根据考古资料，少府（或其所辖官署）建筑遗址就在这一范围之内，而且又是这一区域中距前殿和椒房殿遗址最近、规模最大、建筑最为考究的一组宫殿建筑群遗址。该遗址内还出土了数量众多的"汤官饮监章"封泥。

少府（或其所辖官署）建筑遗址的发掘范围东西 109.9、南北 59 米。其建筑布局系主体建筑在东西居中位置，两侧为附属建筑，北面为庭院，东侧附属建筑的东边有南北通道（图二七）。

其主体建筑为大型殿堂，由南北排列的两座宫殿组成。南部宫殿面阔七间、进深二间，东西 48.6、南北 17.5 米。宫殿坐北朝南，南边有东西排列的六根檐柱。殿内约于进深南北居中位置有东西排列的六个大础石，础石间距各约 7 米。础石个体较大，长径 1.9～2.3、短径 1.4～2.1 米。础石面上雕出的半凸圆承柱面大小不同，大者径 1.2 米，小者径 0.6 米，这反映出木柱粗细之悬殊。特别值得注意的是，六根柱子按大小相同排列，三大三小。础石置于础墩之上，础墩夯筑，表面以石板包砌。础墩呈覆斗形，底边长者 5、短者 4、高约 1 米。宫殿地面铺置地板，地板之下构筑基槽，槽壁包砌石板。每块石板长约 53、宽 27～47、厚约 5 厘米。

北部宫殿面阔五间、进深两间，东西 31、南北 12.9 米。宫殿坐南朝北，与南部宫殿建筑形制基本相似，仅规模较小、宫殿方向相反。宫殿北边有东西排列的五根檐柱，其间距均为 7 米。檐柱以南 8.5 米有东西排列的四个大础石，其间距亦各为7米。础石长1.4～1.6、宽1.2～1.49、厚0.3～0.55米。础石面上的半凸圆径0.9～0.96米。础墩底部边长3.3～4.6、高0.33～0.57米。宫殿地面亦铺置地板。

庭院位于北部宫殿以北，平面呈长方形，东西54.4、南北14.7米。庭院东南角和西南角各有一小房屋，前者东西（进深）3.2、南北（面阔）1.8米；后者东西（进深）2.4、南北（面阔）1.4米。庭院北部为东西向廊道，已清理的廊道东西长76.8米。廊道一般宽2.8米，个别宽者为3.5米。廊道地面均铺方砖。廊道东端有一小房屋，坐南向北，北墙辟门。

主体建筑——南部和北部宫殿东西两侧各有一座大型房屋。北部宫殿东西两侧房屋的大小、形制基本相同，保存亦较好。

北部宫殿东侧房子东西10.1、南北10.2米，平面为方形。屋内地面铺置地板，其下构筑基槽。基槽内设置了南北七排、东西五行垫石，排距南北1米，行距东西1.4米。除个别仍保存之外，基槽内垫石大多已不复存在。通气道辟于大型房屋北侧的东、西端。东通气道，南部南北向，长3.35、宽1.2、现高0.87米。北部为东南至西北方向，长13.6、宽1.1、现高0.2～0.23米。通气道通至庭院东西。西通气道南北向，长8.6、宽0.8、现高0.75米。通气道的东、西壁为砖砌，底部铺砖。其延至庭院南侧。

北部宫殿西侧大型房屋东西11.35、南北8.25米。通气道辟于房屋北墙东、西端。室内地面铺地板，地板以下构筑基槽，其中有垫石南北、东西各七排，南北排距0.91～1.1、东西排距1.3～1.48米，共四十九块。垫石长约36～39、宽约

图二八　未央宫少府（或其所辖官署）北部
宫殿西侧房屋室内垫石遗迹（F4）

30～37、厚约 35 厘米。垫石置于砖垛之上（图二八）。砖垛以
条砖叠置，上下六层。砖垛面与基槽面在同一平面。基槽地面
均铺素面方砖。地板以下基槽与东西二通气道相连，形成对
流。东通气道长 5、宽 0.8、高 0.6 米，西通气道长 5.3、宽
1.1、高 0.6 米。二通气道均底部铺砖，东西壁以条砖包砌，
为丁置错缝平铺叠砌。墙壁砌砖使用了磨砖对缝作法。

　　上述两座房屋规模较大、建筑考究，列置于主体殿堂两
侧，很可能是此建筑主人的生活起居之处。

　　少府（或其所辖官署）建筑群的另一重要建筑是主体建
筑群东部附属建筑中的一座半地下仓储建筑（图二九）。现存

图二九　未央宫少府（或其所辖官署）东部半地下建筑遗址（F7）

遗迹上部东西 11.1、南北 8.6 米，底部东西 7.9、南北 5.7 米。四壁呈坡状，底部至原墙基面高 1.4 米。底部有南北四排、东西五行花岗岩础石，础石共计二十个。础石长 43～66、宽 35～48、厚 14～27 厘米。门道辟于南壁，南北向，宽 1、长 8.6 米。门道由北向南逐渐升高，南端为踏步三级。门道东、西壁各有五个壁柱，对称分布于二壁，壁柱础石尚存。发掘这座建筑时，发现有大量红烧土，许多砖瓦已被烈火烧结成流渣状。据推测，这应是一座木构半地下多层仓储建筑。在这座房屋的底部发现了一千八百九十二枚货泉，出土时穿钱的绳子还依稀可辨，货泉似未曾使用过。此外，这里还清理出"汤官饮监章"封泥。

少府（或其所属官署）建筑群东北部和东南部分别有南北二通道。

　　北通道分成坡道和平道，前者居南，后者位北。坡道自南向北坡，坡长4.8、宽2.1米。地面以花纹方砖铺地，纹饰面朝上，起到防滑、增加摩擦力的作用。平道长5.6、宽2.1米，其中有一木门槛。平道地面铺素面方砖。

　　南通道较北通道规模大、结构复杂。南通道与北通道南北相对，已发掘部分南北长18.5、东西宽5米（图三○）。通道西部有一小房屋，似为"传达室"一类性质的建筑，南北

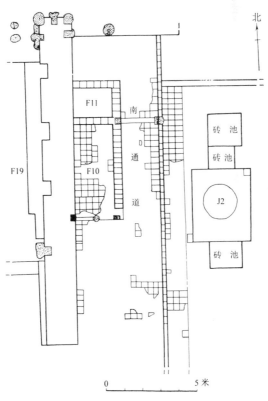

图三○　未央宫少府（或其所辖官署）南通道遗址平面图

（进深）5、东西（面阔）2.2米。坐北朝南，南墙西部辟门，门道宽0.9米。房内墙壁夯土之外贴砌石板，石板长72、宽34~36、厚3~4.5厘米。石板之上有三个孔，平面呈等腰三角形分布，孔内有圆帽大铁钉，将石板固定于墙体表面。石板表面抹麦糠泥，其上再刷白灰。屋内地面以方砖墁地。在这座房屋内清理出土了上百件封泥，其中重要的有"司马喜章"、"□史□之印"、"掌牧大夫章"、"掌厩大夫章"和"汤官饮监章"（图三一）。据《史记·太史公自序》记载，司马迁之父为太史公司马谈，司马谈之父为五大夫司马喜。由此推测，"司马喜章"封泥或与司马迁祖父司马喜有关。经考证，"□史□之印"很可能是西汉中后期的"太史令之印"。"掌牧大夫章"和"掌厩大夫章"封泥均应为主管皇室牧苑和诸厩官吏之遗物。

图三一　未央宫少府（或其所辖官署）遗址等出土封泥

出土封泥中最为重要的是"汤官饮监章"封泥，出土数量多达五十四件，集中在"传达室"内发现，这进一步证实此建筑与少府所辖之汤官饮监关系之密切。

该建筑物东侧为通道，通道分为南部平道和北部坡道，二者之间置门槛。平道铺素面方砖，坡道铺几何纹方砖。坡道是自北向南坡。通道东边为南北向廊道，廊道宽1.1、已发掘部分长15.6米。廊道北端有木板墙基槽。廊道以素面方砖铺地。少府（或其所辖官署）建筑群的南通道以东有水井一眼，井台长4、宽3.3米。台面铺砖。水井位于井台中部，井口径1.9米。

北通道东邻水池。水池东西15.5、南北50米，池壁贴砖，池内堆积中发现大量螺壳。

未央宫少府（或其所辖官署）建筑毁于王莽末年长安城中的战火，但在主体建筑东部附属建筑之一——半地下仓储建筑堆积中发现的数以千计的王莽货泉，仍然码放整齐，未经扰动，证实了该建筑使用的下限时间。王莽亡后，光武帝建都洛阳，长安作为西京仍然是重要城市。东汉时，人们对这处建筑废墟进行了平整，在原址之上营造了新的建筑。从保存的建筑遗迹来看，晚期建筑是在早期建筑的主体格局之上修建的，但建筑的整体规模逊于早期建筑。

晚期建筑的主体建筑仍为南、北大殿。

南殿东西46.1、南北现存17.5米。从尚保留的残垣断壁可知，墙壁为白色，底部有黑色壁画带。由于墙体保留很少，推测原来大殿的墙壁之上应有壁画。南殿之内（约南北居中位置）有东西排列础石六个。这些础石利用了早期建筑中的南殿础墩之上的础石。

北殿东西 34、南北 9.6 米。北殿之内（约南北居中位置）有东西排列的础石四个，系早期建筑中的北殿内础墩之上的础石。

晚期主体建筑的殿内地面均为灰色，土质纯净，经加工处理，厚约 8 厘米。其下为 3 厘米厚的黑褐色草泥，再下为 15～30厘米厚的夯筑黄土，下为早期建筑堆积。

晚期建筑群内还发现其他小型房屋建筑，它们比上述晚期建筑的保存状况更差。总的来看，由于晚期建筑遗址距地表较浅，农民耕地或平整土地破坏严重，不如早期建筑遗址保存得好。

根据遗址地层和相关遗迹的打破关系，晚期建筑的时代上限应在东汉时期，使用时期的下限可能会延至隋唐时期。

在中国古代宫殿遗址的考古发掘中，少府（或其所辖官署）建筑遗址以其保存之完好、布局之复杂、形制之特殊堪属少见。

少府（或其辖所官署）建筑布局是以大型殿堂为主体建筑。殿堂分成南北二殿，二者一前一后，南殿面积 706 平方米，北殿面积 400 平方米。根据调查勘探，南殿前（南部）还有广场。北殿北部的庭院已发掘，面积约 800 平方米。主体建筑两侧布列了若干附属性房屋建筑，南殿东西两侧的建筑应与公务活动有关，北殿东西两侧的建筑则似与生活起居相关。再向东西两侧发展的建筑，则属于少府（或其所辖官署）公用性附属建筑，如通道、仓储设施、井池之类设备等。少府作为官署建筑，主次关系明显，主体建筑"择中"、"居前"，这与皇室建筑的主要布局原则是一致的。

少府（或其所辖官署）建筑的形制特点主要反映在建筑物地面结构的处理方面。建筑群的主要殿堂和房屋建筑地面均铺置地板，这在以往的古代建筑遗址发掘中较为少见。过去虽曾在极个别房屋中发现地板遗迹，但像少府（或其所辖官署）这样大规模建筑群中，主体建筑和大多数房屋地面皆铺置木板（地板）还是首次发现。设计、施工者们在支持地板的础墩表面和基槽四壁包砌了石板，房屋地板之下设置了双通风道。这保证了基槽内的防潮，促使地板下的空气与室外空气的流动。有的大型房屋和殿堂，虽未发现通风道设施，但其檐柱处亦进行了同样的技术处理。

少府（或其所辖官署）建筑群东北的水池较大，面积为775平方米，池底清理出来的大量螺壳说明这里可能曾用于水产养殖。当然作为建筑群的一个组成部分，这么大面积的水池，亦可使其景观更为动人。

（五）中央官署遗址与汉代骨签

1. 中央官署遗址的发掘

未央宫西北部的中央官署遗址，位于今西安市未央区未央宫乡卢家口村东。遗址东距前殿遗址850米，西距未央宫西宫墙110米，南至前殿北边横贯宫城的汉代东西路35米。

1986年9月至1987年5月，对中央官署建筑遗址进行了考古发掘。遗址范围东西135.4、南北71.2米，面积9460.8平方米。这是一座封闭式的大型院落建筑。院落四周围筑了夯土墙，院内东西居中位置有一南北向排水渠，将院落分成东西两部分，简称东院与西院（图三二）。

院落东西133.8、南北68.8米。院落四面围墙的内外墙壁均有壁柱。在北墙、南墙和西墙之外修建了廊道，廊道宽分

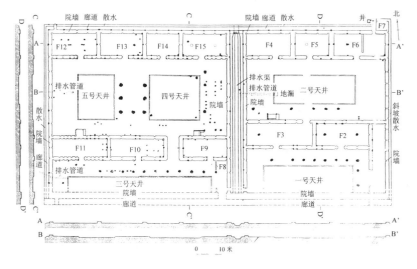

图三二　未央宫中央官署遗址平、剖面图

别为 1.3、2.3 和 1 米。北墙和西墙的廊道以外还有散水，散水宽分别为 0.77 和 0.6 米。东墙之外有散水而无廊道，散水宽 0.8 米。

东院东西 57.2、南北 68.8 米。东院的东墙即大院落的东墙，东院的南墙和北墙分别为大院落南北墙的东部一段。东院西墙在排水渠东边。

东院发现北门和西门各一座。北门位于东院东北角，辟于东院北墙东部，门道面阔 1.1、进深 1.6 米。这可能是官署中的生活用门或后门。西门位于东院西南角，辟于东院西墙南端，门道面阔 1.2、进深 1.5 米。此门是大院落内沟通东院和西院的惟一门道。

根据发掘的东院建筑遗迹分析，东院东南角可能还有一门，辟于东院南墙东端或东墙南端。

东院之内有南北两排房屋，二者间距23.3米。两排房屋的南面均有天井与回廊。

东院南排房屋为并列三座。东边房屋为长条形，南北26.4、东西5.1米。中间和西边的房屋均为坐北朝南的长方形房屋，前者东西（面阔）20.05、南北（进深）8.4米，南墙辟门，门道面阔2.3、进深1.5米。后者东西（面阔）25.3、南北（进深）8.4米。该房屋有南北二门，南门面阔2.3、进深1.5米，北门面阔2.6、进深1.5米。其北墙外侧有一楼梯基址，东西3.4、南北2.2米，基址东部连一坡道。这应是南排房屋登临其上层房屋楼梯的遗迹。南排房屋之南有天井，东西长35、南北宽10.6米。天井东、西、北三面置廊，廊道宽均为6.2米，北廊长47.3米，东西廊各长16.4米。

北排房屋也是东西并列三座，平面均为长方形，进深（南北）各8.4米，方向皆为坐北朝南，南墙辟门，门道面阔2.2、进深1.5米。自东向西三座房屋面阔（东西）依次为19.8、13.2和17米。东边室内有一南北向木板隔墙，将该室分为东西二室，其面阔分别为8.5和10.7米。木板墙南北长7.3米，北连北壁，南端与南壁间距1米，形成东西二室通道。东边房屋除南墙辟一门于西室外，北墙与东室相对处亦辟一门，形成北门。此门也是东院和大院落的北门。北门东北侧有一小房屋，南北（面阔）3.05、东西（进深）3.3米。此房西墙南端辟门，门道面阔1、进深0.6米。这座小屋的功能似为东院和大院落东北部的"传达室"。其西边2.2米有一水井，南邻东院北墙3米。水井口径0.85、井深7.1米，井壁由券砖砌筑。井台东西1.1、南北1.5米，台面铺条砖（图三

图三三 未央宫中央官署水井遗迹

三）。这应是官署工作人员生活用水之井。东院中部、南北排房屋之间设置了天井。天井东西长 32、南北宽 11.2 米。天井之外四面置回廊。天井东西廊各长 23.2 米，宽分别 11.4 与 10.2 米，南北廊各长 53.6、宽 6.1 米。

西院东西 73.2、南北 68.6 米。西院西墙即大院落西墙，西院南、北墙分别为大院落南、北墙的西段，西院东墙东邻排水渠。西院有东门和南门各一座。东门位于西院东南角，西院东墙南端辟门，与东院西门隔排水渠东西相对。门道面阔 1.2、进深 1.5 米。当时可能在排水渠上架设有木桥，沟通东西二院。南门亦位于西院东南角，西院南墙东端辟门，门道面阔 3.4、进深 2.4 米。这既是西院的主要门道，又是中央官署建筑大院落的主要门道。

西院之内也有南北两排房屋，二者间距19.5米。两排房屋之间是天井、回廊和亭子。南排房屋与院子南墙之间为天井和回廊。

南排房屋东西并列三座，三座房屋均为坐北朝南，进深约6.7米，南墙辟门，门道进深1.5米。除西侧房屋门道面阔2.1米外，其余两座房屋的南门面阔均为2.45米。中间和西侧的房屋面阔都是21.5米，东侧房屋面阔17.3米，东侧和中间房屋之间有一东西宽4.4米的通道。在东西两侧房屋的北墙边各有一楼梯基座遗迹。东侧房屋楼梯基座遗迹包括平台和坡道，平台南北1.9、东西0.4米。坡道在平台西边，自东向西坡，坡长2.26、宽1.9米。西侧房屋的楼梯基座遗迹形制与前者相近，亦由平台和坡道组成，但二者位置相反。其平台居西，坡道位东。平台东西3、南北2.5米，坡道坡长0.94米。其实际上属于中间和西侧两座房屋上层房子共用的楼梯基址。

在南排房屋之南为其天井，天井东西57、南北6.1米。东、西、北三面置廊，廊宽均为6.1～6.2米，东西廊各长12.1米，北廊长64米。

北排房屋东西并列四座，皆坐北朝南，南墙辟门，门道形制、大小相同，门道面阔2.2、进深1.5米。四座房屋平面均为长方形，进深皆为8.4米。自东向西四座房屋的面阔（东西）依次为17.2、12.9、16.6和17.8米（图三四）。

在北排房屋之南和南排房屋之北，东西并列有二天井。两座天井宽（南北）均为17.3米，东天井长（东西）20.2、西天井长（东西）14.7米。东西二天井的廊道相连，东西廊南北长各29.5米，东西宽分别为10.6与10.1米。南北廊东西长各为69米，南北宽约6.1米。东西二天井之间有一

图三四　未央宫中央官署遗址

亭址，东西 13.6、南北 17.3 米。

　　在西院南排房屋东南角有一小屋，东西 4.2、南北 2 米。小屋坐北朝南，与西院南门南北相对。其南邻西院东门、西邻南排房屋东边房子的南门。小屋南墙西端辟门，门道面阔 0.9、进深 0.5 米。这座小屋应为西院和中央官署大院落的"传达室"。

　　中央官署建筑群规模庞大，浑然一体，建筑群内部的排水设施十分重要。从考古发掘了解的情况来看，这座建筑群有着完整而系统的排水设施，包括排水渠、地漏和地下排水管道。中央官署建筑的排水渠位于东院和西院之间，南起院落南墙，向北通过北院墙地下排水道流出院外。排水渠为南北向，在大院落之内排水渠为明渠，这样既可以将排水渠东西两侧建筑物屋顶雨水直接收纳入渠，又可将东院和西院天井的积水通过地漏和地下排水管道，导入渠内。

排水渠上口宽 3.2、底宽 1.3、渠深 0.8 米，渠壁为斜壁，坡 30 度。排水渠明渠北部至院落北墙之下变为暗渠，暗渠由东西并列的两排南北向五角形陶水管道组成。

地漏设置在天井内，天井收纳的屋顶雨水流向地漏，地下排水管道与地漏相连，雨水进入地下排水管道排出建筑物外。地漏均为砖砌。以东院北排房屋南侧天井为例，其地漏位于天井西侧。地漏四壁和底部以子母砖砌筑，子母砖长 34、宽 24、厚 4.5~6 厘米。砖的上下边置榫卯各一，使用时子母砖之间榫卯套合。地漏口宽（东西）0.66、长（南北）0.8 米。地漏西壁辟排水口。其与地下排水管道相连。

中央官署建筑群之内发现的地下排水管道均通至天井的地漏处。管道为汉代流行的陶质五角形水管道，地下排水管道顶部一般在汉代地面以下 0.1 米。根据排水量大小，地下排水管道有单行的，也有双行的，后者显然是因排水量大而安装成双行的。院落内的排水设施是在院落施工之前统一设计好的，而且是先进行地下排水设施的修建，然后再进行地面以上建筑的施工，这从建筑物夯土基址压在排水管道上可得到证实。

在中央官署建筑遗址的汉代堆积层内，随处可见建筑物被大火焚毁的痕迹，一些骨签等遗物与建筑物的土坯、瓦片被烧结成一团。这组建筑应毁于王莽末年的战火之中。

中央官署建筑遗址出土遗物比较丰富，按其质量可分为陶器、石器、铁器、铜器和骨器等。骨器即遗址内出土的大量骨签。陶器包括砖、瓦、瓦当、门臼和五角形水管道等建筑材料，纺轮、火眼等生产工具，器盖、灯、碗、盆、盘、瓹、奁等生活器皿，以及珠、饼、球形器和弹丸等。瓦当出土数量颇多，绝大多数为云纹瓦当。石器有石磨、磨石等。铁器有锛、锸、铧冠、刃器、凿、长条形尖状器、钻、斧、铲、鏊、刮刀、砧、锉形器、夯头、锥形器等生产工具，环、环柄刀、直柄小刀、双挂钩、刷子柄和器足等生活用具，戟、镈、弩机、镞和甲片等兵器与武备，六角形器、泡、带扣和镳等车马器，以及箍、钩、大码钉、圆帽钉、拐角形器、直角钉、笔状器、柱形器、卡子、棒形器、叉形器、匕形器、椭圆形环状器和瓦形器等。铜器有生活用具、兵器、车马器等，其中带"南阳工官"、"河内工官"刻铭的弩机比较重要。钱币均为汉代货币，有半两、五铢、大布黄千、大泉五十、小泉直一、布泉和货泉等。遗址出土的六万多枚骨签属汉代考古的重大发现。

根据从清理出来的中央官署建筑遗址布局、规模和出土遗物分析，这座遗址不是大型宫殿，也不是一般生活起居之处。此建筑群中共有单体房屋十五座，其中有两座规模甚小，即东院东北角和西院东南角的"传达室"。其余房屋规模较大，最大的房屋面积达215.04平方米，最小的房屋面积也有109.2平方米。房屋的形制基本相同。从遗址出土相关遗物来看，不仅院落周围有严密的警卫防守，而且院落之内各个房屋亦戒备森严。如东院南排房屋的西侧房子，其北门外两侧发现的铁戟，应为当年守门卫士所执的兵器。

中央官署建筑遗址出土的主要遗物是骨签，计约六万多枚，时代跨越上百年。骨签大多出土于房屋之内或其附近，而且多集中分布在房屋的墙体旁边。推测原来骨签是放置在这些房屋内靠墙而立的架子上。从骨签刻文内容可知，它们来自各处，但出土时发现刻文反映相同地区情况的骨签大多出于同一房屋附近。这又说明骨签的放置保存也是按不同地区来管理的。在东院和西院的南排房屋北部发现楼梯基址遗迹，说明原来这些房屋建有二层楼，其中亦应放置了为数可观的骨签。据上所述可以看出，这座官署的主要职能是收藏作为国家或宫廷档案的骨签。

2. 汉代骨签的发现与研究

未央宫中央官署遗址出土的骨签，被誉为汉代考古的重大发现。这主要是因为骨签出于汉代首都的皇宫之中，而骨签文字内容又直接与皇室和中央政府有关，其意义自然非同一般。

中央官署遗址考古发掘出土骨签六万多枚，其中刻字骨签约五万七千枚，无字骨签近万枚（图三五）。

骨签以动物骨骼（主要是牛骨）制成，形制、大小相近。骨签长5.8～7.2、宽2.1～3.2、厚0.2～0.4厘米。上、下端

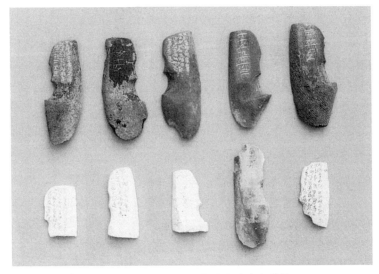

图三五　未央宫中央官署遗址出土骨签

呈圆弧形，一般下端较尖。骨签正面上部加工磨光成平面，文字刻于其上。中腰一侧有一半月形凹槽。因骨签文字内容种类不同，凹槽在骨签左右侧位置各异。骨签绝大多数是两个一对，每对骨签由半月形凹槽位置相反的两个骨签组成。两个骨签背面相对捆系，捆系的绳子通过半月形凹槽，捆得牢，绳子不滑脱。每对骨签的大小、颜色、形制相同（但半月形凹槽位置相反）。骨签以白色或黄白色数量最多。此外，还有一些灰色、黑色和褐色骨签。后三种骨签的颜色是因不同理化因素而形成。

根据骨签文字的内容，可将其分为两种。第一种，多为物品代号、编号、数量、名称、规格等。这种骨签上的文字一般竖行一行，每行字数少者三个字，多者六七个字。从文字内容来看，主要为弓弩箭镞等兵器和器物编号两大类。如骨签上有"甲二万一千七百"（3：03507）、"乙万四千四百卅六"（3：03777）、"丙万二千一百九十六"（3：03268）、"丁四万二千三百卅八"（3：07952）、"第三万二千三百六十四"（3：03228）、"服六石"（3：00041）、"力五石三钧廿三斤"（3：10371）、"大黄力卅石"（3：13547）、"乘舆力十二石"（3：0034）、"射三百八十步"（3：08647）等字样。第二种，为年代、工官或官署名称、各级官吏或工匠的名字。骨签上的文字一般竖行二至四行，字数少者十余字，多者三四十字不等。如骨签中有：

元年河南工官令霸丞广成

作府胜工夫先造（3：07194）

始元年南阳工官令捐守丞

纠作府嗇夫花允工秋工

成当时造乙（3：08189）

元康三年颍川护工卒史福工

官令湖游丞汤掾贤令

史奉冗工广工昌

造乙（3:04899）

永光四年光禄弩官郎中

晏工辅缮力六石（3:00495）

神爵四年卫尉旅贲令铠丞

万年啬夫临工易缮

六石（3:00359）

　　通过对骨签刻文内容的研究发现，其出现时间可能是在文帝晚期。中央官署建筑遗址出土的刻文带"工官"字样的两万多件骨签中，只有河南工官、南阳工官和颍川工官，未见其他工官。以上三处工官的骨签是各自向中央或皇室"供进之物"的档案记录。它们保存在中央官署之内。此处仅见河南工官、南阳工官和颍川工官并不是偶然的，应不同于河内、济南、泰山等工官。前者与三服官、蜀广汉工官、东西织室和天子六厩均为直接服务于中央或皇室的部门。河南工官、南阳工官和颍川工官应即贡禹所称的"三工官"。至于"三工官"的出现时间不尽相同。河南工官至迟不晚于文帝晚期，南阳工官和颍川工官的设置约在景帝末年或武帝初年。

　　骨签刻文是研究汉代工官官制变化的重要资料。

　　汉代工官官制与县相同。工官与县各有令、长。如县一样，工官设令、长与工官大小有关，大者置令，小者置长。如河南工官、南阳工官、颍川工官等均置工官令，而广汉郡工官则置长。如贵州清镇15号墓出土耳杯铭文云："元始三年广汉郡工官造乘舆髹汩画木黄耳桮容升十六籥素工昌髹工立上工阶铜耳黄涂工常画工方汩工平清工匡造工忠造护工卒史恽守长音丞冯掾林守令史谭主。"

工官令、长之下一般设丞为佐官。汉代普通的县为一丞，但地位重要的县，如西汉长安就设有左丞和右丞。工官与县情况相同，大的工官也设左丞、右丞，如：

> 甘露元年颍川守卒史□工官
>
> 令□左丞易掾胜令史终
>
> 尤工直横工世造（3:14368）
>
> 地节三年南阳护工卒
>
> 史某工官守令贺右丞
>
> 胜令史克作府啬夫佐
>
> 尤工建强骏都工夫贤
>
> 造甲（3:08047）

蜀、广汉郡工官仅见一丞，这与其只设长不设令一样，说明蜀、广汉郡工官规模、级别要低于设令和左丞、右丞的颍川工官、南阳工官。

汉代县令、长的属吏依次为掾、史（令史）、佐等。骨签刻文证实，汉代工官"秩次如县、道"。汉代不同时期、不同工官的"秩次"并不完全相同，有的变化反映了不同时期工官地位的不同，如"护工卒史"，在武帝时已出现，当时位居工官令、丞之后。昭帝之初，南阳工官、颍川工官秩次中，"护工卒史"位于工官令、丞之前。"护工卒史"在河南工官秩次中，直到宣帝初年才位居工官令、丞之前。西汉初、中期，工官为大司农所辖。西汉中、晚期工官地位下降，郡国对工官的管理越来越强，作为郡守派到工官中的卒史（"护工卒史"），在骨签刻文工官秩次中的变化也可得到充分反映。

中央官署遗址出土骨签刻文反映的河南、南阳、颍川工官，在令、丞之下一般置"作府"，这种情况在蜀、广汉郡工官中均未发现。作府应属于工官直接管辖的具体生产单位，每个工官所设作府不只一个。

从骨签刻文可以看出，河南工官、南阳工官和颍川工官主要管理和生产兵器。不少骨签刻文内容涉及弩。汉代弩的强度以"石"计量。骨签中大量的"服六石"是"服力六石"的省文，说明六石弩是汉代普遍使用的一种弩。除六石弩之外，还有"力一石"、"力二石"、"力四石"、"力五石"、"力七石"、"力八石"、"力九石"、"力十石"、"力十一石"、"力十二石"、"力十三石"、"力十四石"、"力十五石"、"力廿石"、"力卅石"、"力卌石"弩等。有的弩的强度分得更细，如骨签刻文有"力五石三钧廿九斤"、"力六石三钧廿二斤"、"力八石一钧三斤"等。骨签刻文中"廿石"及其以上的弩又冠以"大黄"之称，如"大黄廿石"、"大黄卅石"、"大黄卌石"等，"大黄卌石"是目前所知汉代强度最大的弩。骨签刻文中冠以"乘舆"的弩，应为皇室备用之物，如"乘舆廿石"等。汉弩强度也有以射程计量的，如骨签刻文中的弩射程有"三百步"至"四百卌步"多种。这应属皇家使用的特大射程之弩了。

骨签刻文主要是设在地方上的中央工官向皇室和中央上缴各种产品的记录。还有少量骨签反映其出于中央政府的光禄勋、卫尉、少府属官等，如：

永光三年光禄弩官

郎中晏工定缮（3:01008）

永光三年卫尉旅贲令

丞谊令史棱啬夫志

工万缮（3:00683）

五年右工室工陋更主

丞乙伏谈工渭造

第九十三（3：12460）

二千七十□寺工第八十五（3：24677）

六年内官

第卅一（3：10693）

又有极个别出于列侯的骨签，如"五凤二年龙雒侯工□缮"（3：15079）。

中央官署建筑中收藏的骨签，从西汉初期到西汉晚期，不少骨签保存时间逾百年。它们是有意被中央官署收藏的。骨签并不是器物的"标签"或"标牌"，因为后者随着器物的不复存在，也就没有保存的必要了。骨签则不然，它与器物脱离，并置于专门地方精心保管。

西汉时期主要的书写材料是竹、木，还有少量帛和极少的纸。当时不用上述书写材料，而选用坚硬的动物骨头，其难度要比在竹、木简和帛书上书写大得多。之所以这样，大概是因为骨头比竹、木、帛、纸保存时间长久。骨签个体小，其刻文近乎微雕，这或许因为骨签数量大，为节省空间，存放更多的骨签，而采用的"缩微"技术处理。

骨签的存放一方面是为了皇室和中央政府主管部门掌握有关工官和中央某些属官向皇室或中央"供进之器"的情况，另一方面又可作为质量跟踪的凭证。骨签实际是中央政府保存备查的重要资料。

我们知道档案的定义是："凡是有查考使用价值、经过立卷归档集中保管起来的各种文件材料。"（《辞海》）以此对照中央官署遗址出土的骨签，可以说这是真正意义上的档案。由于其出于皇宫之中，可称为中央或皇室档案。这样，骨签是目前我们所知中国古代最早的真正科学意义上的档案。

（六）未央宫布局形制探讨

未央宫是汉代最大的皇宫（或王宫），在布局形制上也是最具典型意义的宫城之一。

《尚书·大传》记载："九里之城，三里之宫。"就目前已知考古资料，先秦时期按此比例关系营筑的宫城与郭城还没有，如偃师商城的宫城周长855米，早期郭城周长约3680米，二者之比为1:4.3。偃师商城宫城与晚期郭城之比为1:6。曲阜鲁国故城之宫城周长2100米，郭城周长11500米，二者之比为1:5.5。洛阳王城的宫城与王城周长之比为1:9.78，魏安邑城的宫城与郭城之比为1:5.1。

汉长安城周长25700米，未央宫周长8800米，都城与宫城周长之比约3:1。这是目前所知最早按此比例关系建造的都城与宫城。西汉以后，东汉和北魏洛阳城承袭了汉长安城与未央宫建制规模的比例。如东汉首都洛阳城周长约13000米，东汉明帝永平三年（公元60年）之前，南宫为都城中的宫城，其周长约4600米，都城与南宫周长之比约3:1。北魏洛阳城内城周长14345米，宫城周长4116米，二者周长之比亦约为3:1。中世纪开始，都城与宫城周长之比发生了明显的变化，即宫城变小，郭城变大。如唐长安城周长36700米，宫城周长8600米，二者周长之比为4.3:1；隋唐洛阳城周长27516米，宫城周长5645米，二者周长之比4.9:1；北宋东京城内城周长12500米，宫城周长2500米，二者周长之比为5:1；明清北京城（内城）周长 20000 米，宫城周长 3440 米，二者周长之比已为 5.8:1。

上述情况说明，先秦时期都城中郭城与宫城周长之比一般来说郭城大些，宫城小些，但没有明显规律可循。从隋大兴城、唐长安城和隋唐洛阳城开始，都城中郭城与宫城的周长之比越来越大。这时都城不仅仅作为国家政治中心，随着都城工商业的发展，市民阶层的扩大，人们的活动空间也相应扩大了。

关于宫殿平面形制问题。未央宫平面近方形，这似有着历史渊源。目前已知的考古发掘资料中，时代最早的方形平面宫城为河南偃师商城之宫城。春秋、战国时期的曲阜鲁国都城和魏安邑之宫城、周王城之宫城（即小城）平面均为方形。如果把河南偃师二里头遗址的第一号宫殿建筑遗址视为一座独立宫城，而其平面亦为方形，那么未央宫方形平面的形制显然是继承了夏商以来的宫城方形平面的传统。

除未央宫外，汉长安城中的宫城还有长乐宫、桂宫、北宫和明光宫。未央宫的方形平面是与其他宫城形制的重要不同之处。如长乐宫的南、北宫墙曲折不直，北宫和桂宫为南北长、东西窄的纵长方形。未央宫的方形平面形制对西汉时期都城长安附近的皇室园陵、宗庙和明堂辟雍等建筑的平面形制有着直接的影响。其主体建筑和整体建筑平面（指其城垣或围墙范围平面）皆为方形。

未央宫的布局可以分为南、中、北三部分。它们分别由两条横贯宫城的东西向大街分隔开。南部西侧为沧池，东侧分布有大量建筑遗址，但每座单体建筑的规模并不太大。中部以居中的前殿为主体建筑，在其东西两侧已勘探出不少规模较大的建筑遗址，未央宫中不少宫殿大概就分布在这一区域。如文献记载，未央宫前殿东部有曲台殿、鸳鸯殿、凤凰殿等；西部有昆德殿、白虎殿等。其北部是皇宫中的后宫区。后宫区以北为文化设施区。北部西北侧为少府官署区，这里有不少皇室作坊。北部东北侧则安排了一些礼制建筑。

未央宫布局反映出宫城之内总体设计以宫殿建筑群为中心，主体宫殿（正殿）位置居中、居前，主要宫殿位居主体宫殿之后，辅助宫殿建筑集中在主体和主要宫殿两侧。这一布局形制为汉代以后诸宫城所沿用。

注　释

[1]《汉书·五行志》记："大之曰西公也。左氏以为西宫者，公宫也。"

[2]《后汉书·霍谞列传》注曰："天有紫微宫，是上帝所居也，王者主宫，象而为之。"《文选·西京赋》李善注引《三秦记》："未央宫，一名紫微宫。"

[3]《汉书·五行志》云："刘向以为东阙所以朝诸侯之门也。"

[4] 中国科学院考古研究所《唐长安大明宫》第 7 页，科学出版社 1959 年版。

[5] 中国社会科学院考古研究所《汉杜陵陵园遗址》第 63 页，科学出版社 1993年版。

[6] 中国科学院考古研究所汉城发掘队《汉长安城南郊礼制建筑遗址发掘简报》，《考古》1960 年 7 期。

[7] 唐金裕《西安西郊汉代建筑遗址发掘报告》，《考古学报》1959 年 2 期。

[8] 刘庆柱、李毓芳《秦都咸阳"渭南"宫台庙苑考》，《秦汉论集》，陕西人民出版社 1992 年版。

[9]《汉书·郊祀志》，中华书局 1962 年版。

[10]《左传》成公十八年"传"载："齐侯使士华免以戈杀国佐于北宫之朝"，可见先秦时期的王后宫中已有朝政之殿。

三、「亚宫城」——长乐宫、北宫和桂宫

（一）太后之宫——长乐宫

1. 长乐宫的考古发现

在长安城中，长乐宫是仅次于未央宫的一座重要宫城。长乐宫是在秦兴乐宫基础上改建而成的。兴乐宫在秦昭王时即已存在。为便于咸阳宫和兴乐宫之间往来，当时还修建了著名的渭河桥，即汉代的横桥。秦始皇在兴乐宫营建了不少建筑，如大夏殿等。后来，还将巨大的铜人移置此殿前[1]。此外，还筑有鸿台、鱼池、鱼池台和酒池、酒池台等。据文献记载，酒池"池上有肉炙树"，反映了秦始皇仿照夏桀、商纣，奢侈荒淫，积糟为山、以酒为池、脯肉为林，挥金如土。

西汉初年，高祖决定定都关中。公元前202年，刘邦以兴乐宫为基础改建长乐宫。仅一年多时间，长乐宫建成，遂命令丞相以下"徙治长安"（《史记·高祖本纪》）。长乐宫成为高祖布政之宫。

高祖晚年，作为正式皇宫建造的未央宫主体工程已经完成。刘邦去世后，其子惠帝刘盈移居未央宫，长乐宫改为太后居所，这样就形成了"人主居未央，长乐奉母后"的格局。因长乐宫在未央宫之东，所以又称东宫或东朝。西汉时期，外戚势力强大，故此长乐宫在政治生活中仍起着重要的作用。

长乐宫位于长安城东南部，其东南两侧与长安城东南城墙为邻，西北两侧分别为安门大街和清明门大街。宫城遗址范围涉及今西安市未央区未央宫乡和汉城乡的阁老门、唐寨、张家巷、罗寨、讲武殿、查寨、樊家寨和雷寨等地。经考古勘探究明，长乐宫东墙长2280、南墙长3280、西墙长2150、北墙长3050、宫城周长10760米，面积约6平方公里，占长安城总面积的1/6。长乐宫东西宫墙平直，南北宫墙有曲折。根据文献记载，长乐宫与未央宫一样，宫城四面应各设一座宫门，但目前考古勘探仅发现了东、西、南三面的宫门，北宫门尚有待进一步开展考古工作去寻找。东南二宫门分别与霸城门、覆盎门相对，西宫门与直城门大街东西相对。三座宫门都与宫内主要道路相通。长乐宫内现已勘探发现的汉代道路主要有五条，东西向三条、南北向两条。其中以连接东西宫门、横贯宫城的东西大道和由南宫门向北通至上述东西大道的南北大道最为重要。此外，还有另一条南北路，北自横贯宫城的东西大道，南到南宫墙西部，再向南通至长乐宫外的高庙遗址。这条南北向道路于宫城南墙处辟门。此门应属宫城掖门。东西横贯宫城的大道向东出东宫门通至霸城门，向西出西宫门与安门大街交汇后，通至直城门大街。这条大道路土宽45～60米，路面由两条路沟将其分为三股道。中股道路面较平，两侧路面略呈弧形。其与长安城内和城门连接的"八街"形制相近、规模相同。如果据此将这条大道当作长安城内大街的话，那么长乐宫原来规模将比目前探明的宫城小。《太平寰宇记》卷二十五引《关中记》载：长乐宫"周回二十里"。《关中记》为西晋人潘岳著，西晋一尺折今约为24.4厘米，一里三百步，一步六尺，晋代一里为今439.2米，以此计算，二十里为8784米。这比已勘探出来的长乐宫周长少 1976 米。假设长乐宫曾仅限于现东西宫门间的大道以南，此范围的周长为 8780 米，恰与上述文献记载的长乐宫"周回二十里"基本一致。

关于上面谈及长乐宫规模的变化，可通过现已探出的长乐宫内这条东西大道的形成时间来分析。应该指出，如果说这条东西大道与直城门大街东西相对，霸城门与直城门在同一条东西直线上，那么这条道路与汉惠帝修筑的长安城城墙及城门是统一规划的，其形成的时代也应同时。西汉初年营建未央宫时，由兴乐宫改建的长乐宫已完工，未央宫北宫墙位置的确定很可能参照了长乐宫的北边位置。汉惠帝修筑长安城时，长乐宫、未央宫早已建成使用，萧何把霸城门与直城门安排在同一东西直线上，是为使长乐宫、未央宫皆在这条东西线以南。另一个重要现象是，长安城内的道路分成三股，路宽 45～55 米之间的仅见于与城门相连接并通入城内的大街，未见宫城之中有这样规模和形制的道路。也就是说，现已勘探的长乐宫内东西大道原来应为长安城内大街。现在我们了解到的长乐宫规模最早也应形成在汉惠帝以后。推测最初的长乐宫不包括那条东西大道以北部分，而那里主要是鱼池、酒池类建筑。这些池苑是由秦始皇建造的。他将其置于兴乐宫之外和秦咸阳宫与兰池的规划特点是一致的，即池苑多在宫城之外。西汉初年，修建未央宫时将沧池置于宫中。在兴乐宫基础上改建之初，长乐宫的池苑（酒池、鱼池）仍在宫城之外，后来宫城扩大，才将其圈入宫城之内。

通过对长乐宫遗址的勘探发现，大型建筑遗址主要分布在连接东西宫门的东西大道以南，目前已勘探出东西分布的三组大型宫殿建筑群，其中以东边建筑群遗址规模最大。该遗址位于樊寨村东南，夯土基址东西宽 116、南北长 197 米，基址南边东西并列"三阶"，基址之上南北排列三组宫殿址。南殿址东西长 100、南北宽 56 米，中殿址东西长 43、南北宽 35 米，北殿址东西 97、南北 58 米。这组大型宫殿建筑群西邻长乐宫南宫门至宫城东西干路的南北路东侧。根据《水经注·渭水》记载：明渠东径长乐宫北，"殿前列置铜人，殿西有长信、长秋、永寿、永昌诸殿，殿之东北有池"。樊寨村发现的长乐宫大型建筑群所处的方位，恰在长乐宫东部偏南，明渠在其北。该建筑群西部又发现多处汉代大型建筑群遗址，结合其规模、形制推测，其可能为长乐宫前殿遗址。

20 世纪 70 年代末，在长乐宫西部曾发现一座宫殿遗址。遗址位于罗寨村北。宫殿建筑围筑于院落之中，院落东西宽 420、南北长 550 米。院落南墙东西居中处外凸，似为南门遗迹。宫殿基址东西长 76.2、南北宽 29.5 米，周施回廊，廊道方砖铺地，廊外置卵石散水。有的学者认为这是太后宫殿——长信宫[2]。河北满城汉墓出土的长信宫灯，可能就是住在长信宫的窦太后作为礼物馈赠给中山王妻窦绾的。

长乐宫的宫室建筑很多，有的与未央宫内的宫殿名称相同，如温室殿、椒房殿等。有的建筑比较有特色，如鸿台、鱼池、酒池等。它们大多是建造兴乐宫时修筑的，汉初以兴乐宫为基础营建长乐宫时被保留下来。如汉长安城遗址出土的"飞鸿延年"瓦当，应是汉代维修鸿台的遗物。酒池在长乐宫东北部，今雷寨村附近，实际是一处池苑，并作为长乐宫中的小水库，调节宫城用水。汉武帝在酒池北修筑了台榭，制作了巨大、沉重的铁杯以盛美酒，"招待"宾客。由于杯重拿不起来，客人只好低头引首于铁杯之中喝酒，颇似黄牛饮水，留下了

"上观牛饮"的千古笑谈。史载，当时围观者多达三千人，由此也可看出酒池台榭规模之大。

2. 长乐宫的布局形制研究

长安城中的未央宫、长乐宫、桂宫和北宫四座宫城皆已进行了考古勘察。长乐宫与未央宫、桂宫、北宫不同之处在于，前者是在秦离宫——兴乐宫的基础之上改建而成，后者则是汉代新建的宫城。因此，长乐宫的布局形制比较特殊。

长乐宫的地势南高北低，宫殿建筑大多集中分布于宫城南部，池苑则在北部。考虑到明渠至长乐宫即将流出长安城，长乐宫内的酒池作为水库的蓄水功能已是显而易见。大朝正殿——前殿位于宫殿建筑区的东部，这与传统"择中"观念似不一致，很可能长乐宫前殿是在兴乐宫的大型宫殿基础之上所建，或稍加扩建、修缮。前殿西侧诸宫殿建筑群的具体修筑时间还不清楚。刘邦以长乐宫为皇宫仅五年时间。惠帝移居未央宫后，长乐宫已不再是皇宫，但其作为太后之宫地位仍相当重要，宫城之内必将继续营筑一些大型宫殿建筑，前殿以西的一些宫殿建筑有可能就属于这种情况。

长乐宫内的道路应系长乐宫修建时规划的，个别道路可能为兴乐宫旧路继续使用。但作为路网结构应属汉代所为，其规划已考虑到与长安城的一致性。另外，有的宫内道路则是为长安城内重要建筑而设置的，如长乐宫西部的南北路就是专门通往高庙的宫内道路。现已勘探出来的道路或为东西向，或为南北向，道路端直。在连接东西宫门的大道以南，有两条与之平行排列的东西向道路，三条路的南北间距相近。值得注意的是，东西大道以南的两条东西路，其西端都至长乐宫西部的南北路为止。长乐宫的大量宫殿遗址都分布在两条南北向道路之间，时代应与上述道路大体一致，均属西汉时期。宫殿区这样的安排可能是受到长乐宫宫城平面形制的影响。从目前发现的长乐宫主要宫殿建筑群来看，它们均处于宫城南北居中位置，并按东西方向排列，东边的宫殿建筑群（即长乐宫前殿）规模最大、规格最高，因此处于"居前"位置。东西宽、南北窄的宫城，先秦时期曾从存在，秦汉时已极少见到。长乐宫作为以秦兴乐宫为基础改筑而成的宫城，出现这样的平面形制是可以理解的。如若似前所述，开始的长乐宫在霸城门与直城门东西路之南，那么其宫城平面显得与方形平面的未央宫和南北向长方形的北宫、桂宫更不一致，南北更窄，因此向北扩展，使其接近方形，这应该说是个弥补的办法。

（二）后妃之宫——北宫、桂宫

1. 北宫的考古发现与研究

北宫因位于未央宫和长乐宫之北而得名。北宫由高祖刘邦创建，武帝时进行了增修。

关于北宫地望一直不甚清楚，大多数学者根据文献推断北宫位于未央宫之北、桂宫东邻，即横门大街以东、厨城门大街以西、雍门大街以南、直城门大街以北这一范围。经多年勘探，在这一范围未发现宫城城墙遗迹。结合文献研究，20世纪80年代中叶，我们提出新的看法，即这一地区应属"北阙甲第"，北宫当不在此处。它应在"北阙甲第"以东，当然亦在桂宫之东，但仍在未央宫之北。据此进行勘探，在厨城门大街以东、安门大街以西、雍门大街以南、直城门大街以北，即今西安市未央区六村堡乡和未央宫乡的曹家堡、周家堡、施家寨、讲武殿村一带，发现了一座汉代长方形宫城遗址。宫城墙基尚存于今地面之下约 1 米处，宫墙宽约 5～8 米，墙体为夯筑。宫城平面为规整长方形，南北长 1710、东西宽 620 米。已发现南北宫门，二宫门南北相对。宫门面阔 7、进深 12 米。由南宫门向南有道路通至直城门大街。北宫宫城除南距直城门大街较远（约 225 米）外，其余三面距安门大街、厨城门大街和雍门大街均较近，约在 35～50 米范围之内。这与未央宫距直城门大街和长安城西南城墙，长乐宫距安门大街和长安城东南二城墙，桂宫距雍门大街、直城门大街、横门大街和长安城西城墙距离相近。北宫周长 4660 米，与《三辅黄图》记载"北宫周回十里"（折今 4320 米）基本一致[3]。

根据文献记载,北宫之中有前殿、寿宫、神仙宫、太子宫、甲观和画室等。寿宫和神仙宫是供奉神仙的宫殿,各种祭礼、礼仪活动在此进行。因而,北宫比较清静、神秘。正因如此,有时皇帝为了逃避错综复杂的朝野舆论,也到这里"避风"。北宫与未央宫之间有紫房复道相通,方便了皇帝的来往活动。

北宫作为后妃之宫的突出特点是,宫中的后妃多为不得志者。如孝惠张皇后在吕后崩、吕氏政变被粉碎后,被废处北宫;哀帝崩,皇太后赵飞燕被贬,退居北宫。这些后妃在供奉神君的地方修行、反省。因此,北宫成了废后所居之宫。

据《玉海》记,北宫之中有太子宫,太子宫内有甲观,甲观之中有画堂,画堂有九子母壁画。这应系后妃的产房,企盼多子。在埃及托勒密王朝时期的库姆·欧目神庙（Kon-Ombo Temple）中,亦曾专置产房。北宫的太子宫是其主要宫室,废后居于北宫也是因有储君太子在此监督之故。北宫中供奉神君之寿宫,也是为太子"以礼神君"的。

2. 桂宫的考古发现

在汉长安城的后妃之宫中，以桂宫的考古工作开展较多。

桂宫建于汉武帝太初四年（公元前 101 年）。《初学记》卷三引《关中记》载："桂宫一名甘泉"。此即秦甘泉宫。《史记·秦始皇本纪》"集解"徐广曰：甘泉宫"表云咸阳南宫"。"南宫"是相对渭河北岸的秦咸阳宫（北宫）而言的。近年，这一带出土了数千计的秦封泥，其中不少应属中央政府、王室（或皇室）之物。这进一步说明该地原为秦"南宫"之地。

桂宫遗址位于今西安市未央区六村堡乡夹城堡、民娄村、黄庄、铁锁村和六村堡一带。经勘探已确定，桂宫在直城门大街以北、雍门大街以南、横门大街以西、长安城西城墙以东。桂宫遗址南为未央宫遗址，东为"北阙甲第"，再东为北宫遗址，北为西市。桂宫宫城平面为长方形，南北长 1840、东西宽 900、周长 5480 米，面积约为 1.66 平方公里。桂宫宫城周长折合汉代约十三里，与《关中记》所载桂宫"周回十余里"一致。桂宫南、北、东三面城墙各发现一座宫门，南北二宫门之间有纵贯宫城的南北道路相连，从东宫门有东西向道路通至宫城南北大路。南宫门，即文献所记载的"龙楼门"。因宫城城门楼之上装饰铜龙，故此得名。龙楼门与未央宫石渠阁西北的作室门隔直城门大街南北相对。桂宫的"正殿"称"鸿宁殿"，汉哀帝的祖母傅太后就住在这座宫殿中。据文献记载，桂宫内有许多宫殿建筑。除了正殿——鸿宁殿之外，还有著名的明光殿及其土山、走狗台等等。这些建筑布置十分豪华，放有七宝床、杂宝案、列宝帐等，故桂宫又有"四宝宫"的美名。

通过遗址勘探，在桂宫发现多处大型宫殿建筑基址。它们大多分布在宫城的南部，北部也有少量发现。近年来，考古工作者分别在桂宫中南部和西北部发掘了一些建筑遗址，取得了重要成果。

已发掘的桂宫中南部建筑遗址位于夹城堡村东，遗址南对未央宫石渠阁西北部的作室门遗址，其东邻桂宫中的南北向大路。这是一组完整的大型宫殿建筑群遗址。遗址北部地面之上仍保留着该组建筑的大型夯土台基，台基高 12 米，底部平面为长方形，东西 45、南北 56 米。有的学者认为这就是文献记载的"明光殿土山"[4]，夯土台基南部的宫殿自然就应当是明光殿了。与其说是明光殿及其土山，还不如推定为桂宫正殿。它由三部分组成，即南院、北院和高台建筑。整个建筑群的范围南北长 200、东西宽 110 米。

南院遗址发掘范围东西 84、南北 56 米，面积 4704 平方米。现存南院遗址院子的东墙和北墙保存较好，主体建筑——宫殿基址基本完整（图三六、三七）。

图三六　桂宫二号遗址（A区）鸟瞰

　　南院的布局是主体建筑——宫殿殿堂居中，东西两侧为附属建筑，南为广庭，北为院落。

　　宫殿殿堂台基东西长51.1、南北宽29米，台基四壁有壁柱，其外环绕廊道和散水。廊道地面铺砖，廊道宽2～2.1米，以卵石铺装的散水宽1.05米，以瓦片竖立铺装的散水宽0.65～1.05米。除殿堂西廊中、北段之外的散水以瓦片铺装，殿堂其他部分的散水均以卵石铺装。殿堂南面设东西二阶为上下殿堂的通道，二阶对称分布。东阶东西5.4、南北4.2米。坡道位于东阶北部居中位置，东西3.1、南北2.1米。其南与一条宽3.1米的铺砖道路相连接。西阶东西3、南北4.4米。坡道位于西阶北部，东西3、南北2.2米。其南连接一条宽4.4米的铺砖道路。该路东西并列三股道，其间砌立砖分界。二阶之间为殿前广庭，其范围东西28.3、南北8.2米。殿堂北部与南部二阶南北相对位置，各有一南北向通道，每个通道之间又用隔墙分成两道。东通道为宫殿内部人员使用，西通道用于宫殿"外部"人。因此，在通道旁有类似现代传达室（或门卫室）之类的建筑，负责进殿登堂人员的管理。东通道南北长9.1、东西宽5.2～5.8米。西通道的"传达室"将其分为东道和西道，东道长8.3、宽3.2～3.4米，西道长4.9、宽2.3米。"传达室"坐西朝东，面阔7.3、进深2.8米。东墙辟门，门道面阔0.7米。殿堂东西两边的南部也辟有上下殿堂的通道，东通道长2、宽1.4米，西通道长4、宽3.7米。

　　宫殿殿堂东部有一组地下建筑，南北长22米，包括门道、"传达室"、通道和主室四部分。门道有南北两处，南门道宽0.95、长7.7米，自东向西由台阶、平道、坡道和平道组成；北门道宽2.1、长4米，自西向东由坡道和平道组成。"传达室"在南门道北侧,坐北朝南,面阔3.8、进深1.9米,南墙西部辟门。主室位于地下建筑南北居中位置,平面方形,边长6.9米。主室东北有一附室,南北2.7、东西3.3米。通道分为南北,南通道在主室以南,长6.1、宽2.4米;北通道在附室以北,长5.4、宽2.2米。该建筑地面均铺方砖,设有多重门槛。

宫殿殿堂北部的地下建筑,东西6.95、南北4.1米。坐南朝北,北墙辟门,门道宽1.4、长5米,门道北端置门槛,出门进入殿堂北廊。

宫殿殿堂北面东西并列两座院落,二者平面结构相近,均为长方形。中央为天井,周设回廊,廊道铺方砖,廊外置散水。东部院落东西11.2、南北8.9米,天井东西7.3、南北4.1米;西部院落东西24.5、南北8.9米,天井东西20.4、南北4.3米。二院落北侧为一共用的东西向廊道,长48、宽2米。二院落与廊道间以木坎墙分隔。廊道北墙即南院北院墙,亦即北院南院墙。廊道西端辟门,门道面阔0.65、进深0.8米;廊道东端辟门,门道面阔1.5米、进深0.85米。

宫殿西南部有一些小型院子和类似沐浴场所的设施。宫殿东部有一些附属房屋,其南部有以瓦片竖砌的南北向道路通向南院东南部。南院西北部清理了一眼水井。井台平面呈方形,边长3米。井台地面铺砖。水井口径1.4、深5米。井壁上部以扇形砖券筑,下部砌陶井圈。南院东北角和西北部分别清理出砖砌地漏和地下排水道。地漏口呈方形,边长0.6、深0.94米,四壁砖砌。地下排水道亦为砖砌,内宽0.18~0.24、内高0.1~0.35米。地漏与地下排水道进水口相邻,排水方向由南向北。

南院与北院南北相连，共用一院墙。南院西北部（即北院西南部）辟有一宽大门道，沟通二院。门道面阔（东西）4.8、进深（南北）1.05 米[5]。

北院遗址发掘范围东西 84、南北 46 米，面积 3864 平方米。北院中部亦为一殿堂基址，南部有东西并列的三个院子，北部有东西并列的两座庭院。

宫殿殿堂台基东西长 77.5、南北宽 20～32 米，台基之上可能东西并列多座房屋基址。基址保存状况甚差，已难具体分辨。台基南北有廊道，西边有护坡。廊道一般宽 2～2.2、护坡宽 2 米。殿堂台基南面廊道，因上殿通道相隔，被分成西、中、东三段。廊道西段长 11.7 米，散水长 10.15、宽 0.9 米；廊道中段长 16.3 米，散水长 11.6、宽 0.9 米；廊道东段长 28.8 米，散水长 26.4、宽 0.9 米。廊道铺砖，散水内铺装卵石。台基北面廊道因上殿通道相隔，可分成东西两部分。西廊道长 22.1、宽 4 米，东廊道长 33、宽 2 米。

殿堂南北各有三条上下殿通道，殿堂中部还有一条南北纵贯殿堂的地下通道。殿堂南部通道东北侧有一地下房屋，其东邻一东西向地下通道。殿堂台基的地下房屋位于殿堂台基南部偏东。房屋坐北朝南。主室平面呈方形，边长 5.6 米。房内四角有转角柱，四壁有壁柱，屋内地面有明柱。房屋是在殿堂基址的夯土中挖出，四壁外砌土坯，其外再抹草泥，表面涂白灰。主室为草泥地面，平整光滑。南壁辟门，门道由平道和坡道组成。平道居北，坡道位南，为南北向，长 5.6、宽 1.45 米。坡道东西向，西端与平道南端相接。坡道长 2.74、宽 1.1 米，坡 17.5 度。坡道以东 4.2 米处，有一凹字形地下通道，东西长 10.3、南北宽 3.5、现存高 1.12～1.36 米。通道由东、西门道和主道组成。

殿堂中部偏西的地下通道南北纵贯台基，由南北门道和通道组成，南北长 22.7、东西宽 8.7 米。南北门道均为东西方向，各自包括坡道和平道。南门道坡道居东、平道位西，坡道长 4.2、宽 1.1 米，坡 17 度，平道长 2.1、宽 1.4 米。北门道坡道居西、平道位东，坡道长 3.2、宽 1.7 米，坡 28 度，平道长 2.1、宽 1.75 米。主道位于南北门道之间，南北长 19.5、东西宽 1.8、残高 1.25 米。主道两壁各有十一个壁柱，东西对称分布。壁柱南北相距 1.67～2.19 米，壁柱础石尚存。

通道地面铺方砖，南北五十五排，东西五行，均为素面方砖。主道东西壁现高 1.15 米。

殿堂南面西通道宽 3.45 米，南对南、北院之间的西部门道。通道分为主道和廊道两部分。主道居东，宽 3.45 米；廊道位西，宽 1.8 米。主道铺砖。中通道位于西通道东侧 14.45 米。中通道中间有南北向夯土隔墙，将其分为左右二道（或东西二道），各宽 2.1～2.3 米，自南向北皆由平道、门槛、坡道和平道组成。中通道北对殿堂东西居中位置，南至北院南廊。东通道位于中通道东侧 28.5 米处，宽 2 米。通道东侧为一南北向夯筑隔墙，宽 1 米。自南向北分为南部平道、木门槛、坡道、北部平道四部分。东通道南至北院南廊东端。

殿堂台基北面三个通道不甚规整。西通道长 12、宽 1.7～2.2 米。自北向南分为平道、木门槛、坡道和平道四部分。中通道位于西通道以东 25.2 米，在北面东西二院之间，包括东边的主道和西边的附道两部分。主道分为南部平道和北部坡道。东通道位于中通道以东 15.9 米，在东院中部（东西约居中）。

殿堂南面东西并列三座院子，均为中央置天井，四周设廊，廊外置散水。散水分卵石与瓦片铺装两种。西院东西11.75、南北7.7米，天井东西7.8、南北2.1米。中院东西16.3、南北17米，天井东西12.5、南北11米。中院天井西北角，即北廊和散水西端，辟一南北通道，宽1.8、长2.33米。东院东西28.8、南北17米，天井东西24.65、南北11米。东院北廊及散水东部辟一南北小通道，宽1.5、东西长1.3米。

殿堂北部东西并列二庭院，院内地面铺方砖。西庭院东西25.5、南北10.8米，东庭院东西31、南北11.5米。

北院殿堂西南角，殿堂南部西院西有一小房屋，坐西朝东，面阔2.4、进深3.3米。东墙北端辟门，门道面阔1、进深0.8米。房屋内置一窖穴，内径0.94、深3.3米。窖壁砌以陶井圈，窖穴内清理发现了一些猪、狗、鸡、羊、鱼等的骨骼，应是一处用于储藏食品的地窖。

在北院也发现了地漏、地下排水道等排水设施[6]。

北院以北40米为高台建筑基址，与其南部的两座院落是同时修建的。在高台北部和东部均发现了登台遗迹。高台属于观景之处，登上此台，未央宫前殿、石渠阁、天禄阁和建章宫双凤阙尽收眼底。

在这组建筑群东部，经勘探发现了几组宫殿建筑遗址。

桂宫西北部，即今西安市未央宫区六村堡乡铁锁村东有一组建筑群。主体建筑是一坐北朝南的大型宫室建筑，其范围东西约200、南北约100米。在其西南部，即今铁锁村东发现了一处建筑遗址。已发掘出来的遗址南北84、东西24米。南北两端各有一座大型房屋，其间有南北排列的七座长条形房址。

南端大房屋东西 13.5、南北 15.45 米。北端大房屋东西 16、南北 31 米。西壁有一门道,门道西端连接一条南北向坡道。坡道长 12、宽 3.8 米。七座房址大小不一,进深 11.6~11.9、面阔 1.7~4.66 米。均坐东朝西,西面置门,面阔小于进深,平面呈东西向长条形或长方形。房子间的隔墙厚达 2.5~3.85 米,相当坚固结实。壁柱分布密度较大,可能为仓储性建筑。七座房址南北两侧的大房屋应为守护仓库者居住或活动的场所。这种类型的建筑不但在桂宫遗址内未发现过,在未央宫、长乐宫等宫城中亦不曾发现。它填补了宫城建筑类型中的空白[7]。

在桂宫遗址北部,西宫墙以东 182 米、北宫墙以南 215 米,今西安市未央区六村堡乡六村堡村发现一汉代建筑基址。其范围东西 124、南北 120 米,面积约 1.48 万平方米。建筑基址分为东西两部分,其间为南北方向通道,长 95、宽 9 米。西部建筑基址东西 40、南北 95 米;东部建筑基址东西 58、南北 103 米。建筑基址之上分布有殿堂、地下建筑和其他附属性建筑。从其建筑布局来看,这是一组后宫辅助活动区的建筑群[8]。

3. 桂宫宫城布局及其宫殿建筑形制研究

桂宫宫城平面布局不同于皇宫未央宫,也不同于由秦离宫——兴乐宫改建的长乐宫。前者平面为方形,后者平面为横长方形。桂宫与北宫形制相近。北宫创建于西汉初年,其宫城形制是汉武帝扩建北宫时形成还是原来就有的,尚需要今后进一步的考古研究去证明。桂宫建于汉武帝时期,是作为后妃宫殿修建的。与同时修建的建章宫比较,二者之不同一目了然。这可能因为建章宫是当作皇宫营筑的,而桂宫则是专为后妃使用的宫城。桂宫平面布局的重要特点是:宫城平面为南北向的长方形，主要宫殿建筑安排在宫城南部，多组宫殿呈东西向排列。宫城中的主体宫殿从中部移至南部，对后代宫城布局变化有着深远影响。而宫城中的若干宫殿东西排列，这在先秦时期相当普遍，秦及汉初亦多有存在，如秦咸阳宫、汉长乐宫等就是这样，但汉以后这种情况已不多见。

发掘夹城堡村东桂宫大型宫殿建筑遗址，使我们对桂宫布局和宫城中主要宫殿形制有了进一步的认识。

夹城堡桂宫宫殿建筑遗址位于桂宫南部偏西处，其南至桂宫南宫墙间再无重要宫室建筑。该建筑由南院、北院和高台组成，南院宫殿为主体建筑。为了进一步认识南院宫殿，我们不妨将其与未央宫椒房殿正殿、孝宣王皇后陵寝殿的规模、形制进行一下比较研究。椒房殿正殿基址东西58、南北32米，殿堂四面均有通道或门道。正殿南面为庭，北面有院子，殿堂北部构筑有地下室。孝宣王皇后陵寝殿基址东西54、南北35.2米，寝殿四向辟门。汉代陵墓若都邑，人们葬仪"视死如生"，孝宣王皇后陵寝殿应系仿照其生前宫殿建造。夹城堡南院宫殿基址东西57、南北35米，南面有二阶，北面设二通道，东、西各置一通道，亦可谓四向辟门。殿堂南部为庭，北部有院。殿堂北部的地下室更具特点。不难看出，上述三座宫殿规模相近、形制相似。我们还注意到在这三处宫殿建筑发掘中，都出土了为数不少的汉代文字瓦当，其中"长生无极"文字瓦当占大多数。根据对汉宣帝杜陵和孝王皇后陵陵寝建筑研究结果表明，西汉中晚期皇后陵寝建筑多用"长生无极"文字瓦当。我们据此推测，夹城堡南院的宫殿与未央宫椒房殿、孝宣王皇后陵寝殿一样，亦属后妃宫殿。

夹城堡宫殿建筑的北院部分，殿堂南北均有庭院。在殿堂西南角还有用于储藏食品的窖穴。殿堂东西居中位置的贯通殿堂南北的地下通道，与未央宫椒房殿配殿中的巷道功能一致。这些遗迹反映出北院殿堂主要用于生活起居，与朝政的正殿有所不同。

桂宫夹城堡宫殿建筑遗址的全面发掘，揭示出了汉代宫殿建筑群布局的重要特点。

关于汉代宫殿建筑群中的"前朝后寝"或"前堂后室"问题。夹城堡宫殿建筑群中的南院和北院，反映了当时"前朝后寝"或"前堂后室"的布局。南院的殿堂居中，庭院位后，前置双阶。北院的宫室处于南北布列的庭院之间，地下通道纵穿宫室中央。这种松散、自由的布局，显然是与建筑物作为寝居有关，说明"前朝后寝"、"前堂后室"不只限于帝居，包括后妃的重要宫室建筑亦遵此制。这一制度甚或影响至民间。

中国古代宫室建筑的最大特色是人与自然的和谐。在汉武帝修筑的建章宫中，大朝正殿置于南部，其北有寝居的宫室和象征大自然的山和水。山即渐台，亦称蓬莱山；水为太液池，亦名蓬莱池。约与建章宫同时修筑的夹城堡宫殿建筑，与建章宫有异曲同工之妙。该建筑群北面的夯土高台，应是作为山被安排的，很可能就是《三辅黄图》引《关辅记》所记载的桂宫之中的"土山"。这样的建筑风格对后代影响至为深远。明代北京城皇宫北邻景山的设置，或许就有可能反映了这种设计思想。

（三）关于中国古代"亚宫城"制度的研究

汉长安城中除了未央宫作为皇宫之外，长乐宫、北宫、桂宫、明光宫等也是皇室宫城。但其不是作为皇帝主持朝政的场所，而是或为太后所居，或为后妃使用。我们将这类宫城称为"亚宫城"，以区别作为皇宫或王宫使用的宫城。

"亚宫城"的出现时间很早，如河南偃师二里头遗址就有不少各自周围筑墙，内有大型夯土建筑的院子，其中夯土建筑为主体宫庙建筑的院子似为宫城，其他院子则应为"亚宫城"。河南偃师商城的宫城西南和东北各有一座小城，应属王室的"城"，当然其功能与汉长安城中的桂宫等后妃之宫城可能不同，但考虑它们具有"城"的功能，是王室宫城功能的延伸和补充，因此也可称之为"亚宫城"。

春秋时期的山西侯马晋都遗址，其宫城与"亚宫城"由平望、牛村和台庄三座小城组成，三者彼此连接，平面呈品字形。三者何为宫城、何为"亚宫城"，尚有待进一步开展考古工作去揭示。

战国时期的赵邯郸城，宫城和"亚宫城"亦由三座小城组成，三者彼此相连，平面也是品字形。其中西边的小城似为宫城，东、北二小城似为"亚宫城"。

秦都咸阳有北宫和渭南宫室，以东西横贯都城的渭河为界，北宫居渭河之北，渭南宫室处渭河之南。北宫为秦咸阳宫，即秦王宫或皇宫。渭南宫室包括南宫、兴乐宫、信宫、章台等，并自为一城，实际上渭南宫室由多座"亚宫城"组成[9]。

东汉一代，都城洛阳还存在着宫城与"亚宫城"，不过二者前后地位有所不同，始为宫城的南宫后来变成"亚宫城"，北宫则从"亚宫城"变为宫城。

纵观"亚宫城"的发展变化可以看出，西汉都城长安的宫城和多"亚宫城"制向汉魏的双宫城、单宫城制的发展，是皇权加强、外戚势力削弱的反映。

注　释

[1]《长安志》引《三辅故事》云："大夏殿，始皇造。铜人十枚在殿前。"

[2] 李遇春《汉长安城的发掘与研究》，《汉唐边疆考古研究》（第一辑），科学出版社 1994 年版。

[3] 中国社会科学院考古研究所汉长安城考古队《汉长安城北宫的勘探及其南面砖瓦窑的发掘》，《考古》1996 年第 10 期。

[4] 何清谷《三辅黄图校注》，三秦出版社 1995 年版。

[5] 周晓陆、路东之《秦封泥集》，三秦出版社 2000 年版；中国社会科学院考古研究所汉长安城考古队《西安相家巷秦封泥的发掘》，《考古学报》2001 年第 4 期。

[6] 中国社会科学院考古研究所、日本奈良国立文化财研究所中日联合考古队《汉长安城桂宫二号建筑遗址发掘简报》，《考古》1999 年第 1 期；中国社会科学院考古研究所、日本奈良国立文化财研究所中日联合考古队《汉长安城桂宫二号建筑遗址 B 区发掘简报》，《考古》2000 年第 1 期。

[7] 中国社会科学院考古研究所、日本奈良国立文化财研究所中日联合考古队《汉长安城桂宫三号建筑遗址发掘简报》，《考古》2001 年第 1 期。

[8] 中国社会科学院考古研究所、日本奈良国立文化财研究所中日联合考古队《汉长安城桂宫四号建筑遗址发掘简报》，《考古》2002 年第 1 期。

[9] 刘庆柱、李毓芳《西安相家巷遗址出土秦封泥研究》，《考古学报》2001 年第 4 期。

四

武库

（一）武库的考古发现

1. 武库的勘察

武库是长安城中的皇家兵器库，建于汉高祖七年（公元前200年），是刘邦定都长安后的第一批中央和皇家重点建设项目。惠帝在位时称为"灵金内府"，或称"灵金府"，吕后当政后又更名"灵金藏"。

关于武库位置，文献多有记载。《史记·樗里子列传》载：秦昭王七年"樗里子卒，葬于渭南章台之东。曰：'后百岁，是当有天子之宫夹我墓。'……至汉兴，长乐宫在其东，未央宫在其西，武库正直其墓。"长乐宫和未央宫已于20世纪60年代探明。70年代中期在长乐宫与未央宫之间的北部，今西安市未央区未央宫乡大刘寨村东北，发现了武库遗址。其位于汉长安城内中南部，南距南城墙1810、北距直城大街225、东距安门大街82、西距未央宫东宫墙75米。

经勘探，武库周筑围墙，形成平面呈长方形的院落，东西长710、南北宽322、周长2064米。约于院落中部位置有一南北向隔墙，将其分为东院和西院。东院东西380、南北322米，西院东西330、南北322米。东院东墙和南墙各辟一门。东门在东墙南北居中位置，门道宽8米。南门距东院东南角

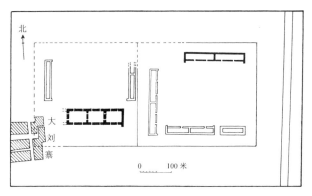

图三八　武库遗址平面示意图

98米，门道宽 3.3 米。东院与西院的隔墙南端有一门，门道宽约 14 米。此门即东院西门或西院东门。西院南墙东端有一门，门道宽约 20 米（图三八）。

武库中有七座库址，其中东院四座、西院三座。东院四座库址的分布是北边和西边各一座，南边东西并列两座。西院三座是东、西、南三面各一座。七座库址平面均呈长条形。东院北边库址东西长 197、南北宽 24.2 米。南边东侧库址东西长 82、南北宽 30 米，是武库七座库址中规模最小的一座。南边西侧库址东西长 157、南北宽 25 米。库内有一南北向隔墙，将库房分为东西两部分，每部分的北墙之上各辟一门。以上二库均坐南朝北。西边库址南北长 205、东西宽 25 米。库内有一东西向隔墙，将库房分为南北两部分，每部分的东墙之上各辟南北并列的二门。南部库房地面尚遗留有兵器架的础石。此库址中出土有铁刀、铁镞、铁矛等。西院东边库址北部已毁，南北残长 120（复原长应为 128 米）、东西宽 22 米。库内有二南北并列的东西向隔墙，将该库分为南、中、北三部分。库址

图三九 武库七号遗址鸟瞰

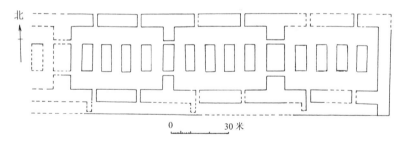

图四〇 武库七号遗址平面示意图

出土有铁镞、铁刀、铁矛等。西边库址南北长128、东西宽22米。此库址的墙宽8米，特别引人注目。库内有两条南北并列的东西向隔墙，将库房分为南、中、北三部分。每部分东墙各辟一门。库址之内出土兵器很少。南边库址东西长约231、南北宽 45.7 米，是武库中最大的一座（图三九、四〇）。

从武库遗址勘察所了解的平面布局情况来看，武库院落是一坐北朝南的建筑群，东院和西院的南门是其主要门道，其中又以西院南门更为重要。武库分成东院和西院应系其使用功能之不同，但二者又是密切相关的。东院与西院隔墙上的门道比较宽大，说明二者之间来往活动甚多。虽然武库建筑群落总体坐北朝南，但其中七座库址的朝向并不一致，如东院的四座库址基本朝向院子中央，北边的库址坐北朝南，南边的库址坐南朝北，西边的库址坐西朝东。西院的三座库址，东边和西边的库址均朝向院子中央，南边的库址应属坐北朝南，但其北部亦辟有与南边位置相同、数量相等、规格一致的门址。因此，也可以理解此库址又有朝向院落中央的设计安排。

武库的七座库址在形制上有以下共同的特点：

第一，各库正面的左右"山墙"均向前延伸出约 5 米，有的学者以为这是为了避风，但其主要功能并非如此。它们很可能是为安全保卫人员使用而设置。这种建筑形制在汉代宫殿和官署建筑中比较普遍，如未央宫中央官署建筑的院落南墙和北墙西端，各有一南北方向短墙与之相连；汉宣帝杜陵寝园南墙西端，亦有一南北方向短墙与之相接。

第二，各库的正面均置廊道。

第三，库房墙体宽厚是武库中各建筑的重要特点。一个原因是建筑本身体量大，作为承重墙要求高，自然墙体应宽厚一些；另一个重要原因则是由于建筑物性质本身决定的。作为兵器库房重地，墙体宽厚也是必需的安全要求。应该说，后者的意义更为重要。比如，东院南边东侧库址是七座库房中规模最小的一座，而其墙体又是最宽厚的，有的地方甚至比其他库址的墙体宽厚一倍。

2. 武库的考古收获

武库遗址的七座库址中有两座进行了全面考古发掘,它们是东院北边库址和西院南边库址,这对于认识武库库房结构、遗迹及遗物特点十分重要。

东院北边库房东西 197、南北 24.2 米。库房内东西 187.4、南北 16 米,面阔四十间,进深三间。库房东西居中位置有一南北向隔墙,将库房分为大小等同的东西两部分,每部分于南墙各辟东西并列两门。库房南部置廊,廊道宽 4.5 米。这座库房遗址出土了大量兵器等遗物,其中主要有铁剑、铁刀、铁矛、铁戟和铁铠甲,还有铜戈、铜镞等,但铜兵器为数甚少。

西院南边库房建筑遗址西部被毁坏,现存东西长 176.6、南北宽 45.7 米。该库房的复原面阔应为东西 231 米。库房内有三条东西平行的南北向隔墙,将大库房分隔为东西并列的四座小库房。西端的小库房已被废毁,其余三座小库房的大小、形制基本相同。每座小库房东西各 48.3～48.7、南北均为 32.7 米。三条隔墙之上,南北各辟一门道,门道宽 2.1 米。这些门道使内部的相邻小库房之间连通。每座小库房南北对称分布有东西并列二门,门道宽 2.1 米。一般在每座小库房的西侧南门外边之西部(廊道内),有一南北方向夯土基址与南墙相连。夯土基址南北 4.4、东西 2.4 米,应系守护小库房的门卫用房。每座小库房内有四条东西并列的南北向夯土墙垛,南北长 13.5～13.8、东西宽 5.2～5.4、现高 0.5～1 米。夯土墙垛四面有密集壁柱排列,个别墙垛上面仍保留有放置檩条用的础石。四条夯土墙垛间距离基本相等。在小库房地面之上还清理出分布整齐的柱础石，有的是支撑兵器架的，有的或是木柱础石。兵器架一般放置于小库房墙壁与土墙垛旁。张衡《西京赋》记载："武库禁兵，设在兰锜。"兰锜乃兵器架。武库兵器架和武库毁于西汉末年长安的战火之中，仅有一些兵器架的础石尚留存在遗址内。关于汉代兵器架的资料已多有发现，如汉代墓葬中就出土有明器兵器架，汉画像石和汉墓壁画中亦有兵器架的图像资料。

这座库房出土的各类兵器数量很多，铁兵器有剑、刀、戟、矛、镞，其中铁镞出土了上千件。铜兵器主要是铜镞，但数量不及铁镞的 1/10[1]。库址内出土不少锛、凿、锤等铁制工具，当与兵器的修理有关。

从已发掘的两座库房遗址出土的兵器遗物来看，东院北边库房以铁铠甲发现数量最多，西院南边库房则以清理出土的铁镞数量最大，这或许说明了当时各个库房存放的兵器种类不尽相同，各有侧重。

（二）关于武库与汉代兵器

西汉初年，高祖刘邦令丞相萧何建立武库以收藏兵器，武库之中的兵器概为"精兵所聚"。与此同时，各地地方政府也设立了武库，代表国家收藏当地的兵器。比较著名的有洛阳武库。由于洛阳地位的重要，这里的武库令曾由丞相之子充任。其他郡也有武库，江苏连云港东海县温泉镇尹湾村发掘了一批西汉墓，其中 6 号墓出土了"武库兵车器集簿"木牍，记载了西汉东海郡武库有"乘舆"兵车器 58 种，共 114693 件；其他兵车器有 182 种，共 23153794 件[2]。都城长安武库中兵车器种类之多、数量之大可想而知。

汉代武库始属中尉，后隶执金吾。中尉、执金吾是负责京城的安全保卫工作，因此，武库皆设在都城之中。由于兵乃国之大事，皇帝往往都要把武库安排在宫城附近，以便控制。西汉长安城的武库如此，东汉洛阳城的武库亦设在北宫东北部，毗邻宫城，二者距离不远。晋至唐宋，武库为卫尉所辖，卫尉负责宫城保卫，武库也就多建于宫城之中，如唐长安城的武库就设在宫城东部武德东门附近。及至明清时期，武库隶属兵部，但仍是重要的中央官署。

汉长安城武库遗址出土的兵器种类很多，已不限于所谓"五兵"，这与尹湾汉墓出土的东海郡"武库兵车器集簿"木牍反映的情况是一致的。尽管兵器种类繁多，但主要的还是远射程兵器、长兵器、短兵器和卫身之器等几大类。远射程兵器主要是弩、镞；长兵器以戈、矛、戟等为多；短兵器的主体是剑、刀；卫身之器以甲胄片出土数量最多。由于盾不易保存，发现较少。

弩是从弓的基础上发展而来的，因其杀伤力大，又称强弩。用弩装备军队始于春秋时期。汉代强弩比战国时期有了重大的改进，弩力更强，射程更远，目标更准。弩是汉代重要兵器，从制造至装备均由官府统辖。

汉代铁镞数量多、质量好。经分析，汉代铁镞是采用了铸铁固体脱碳成钢法制成，这也是世界上最早的以生铁为原料制造钢铁之方法。这种箭镞多为长铤圆柱形镞身，镞锋为四棱锥形。

戟和矛是汉代主要的长柄格斗兵器，长安城未央宫中央官署门前左右列置有持戟卫士。山东淄博西汉齐王墓陪葬坑出土铁戟一百四十多件。铁剑在西汉时仍作为格斗兵器使用。这一时期的铁剑数量和质量均达到其顶峰。西汉时最具特色的短兵器是环首刀，武官佩刀也成了当时身份等级的标志。到了东汉时代，环首刀已取代了剑在格斗兵器中的重要地位。西汉时期铁铠甲是军队最重要的防护装具。中国古代铁铠甲的基本特点，此时也已基本具备。制造铠甲的材料为块炼铁。上述兵器在汉长安城武库各库址中出土种类和数量都不尽相同，可以明显看出有的库址中某类兵器出土数量甚多。如武库第七号库址出土兵器以铁镞数量最多，第一号库址出土铁铠甲数量最多。

出土的各种铁兵器均以炒钢为原料。我国炒钢技术始于西汉时期，比世界上最早应用这一技术的英国早一千八百年。汉代武库的兵器不但在原料上使用了炒钢法冶炼熟铁，而且还根据各类兵器用途之不同，注意制造各类兵器含碳量的合理配比。如铁刀含碳量 0.9%，而铁矛含碳量仅为 0.5% 左右[3]。

汉长安城武库遗址出土的兵器大多为铁质，这反映了西汉中期以后铁器的普及，而在古代社会先进金属材料的普及首先应用于兵器。

注　释

[1] 中国社会科学院考古研究所汉城工作队《汉长安城武库遗址工作的初步收获》，《考古》1978 年第 4 期。

[2] 连云港市博物馆等《尹湾汉墓简牍》第 17～18、103～119 页，中华书局 1997 年版。

[3] 杜葂运、韩汝玢《汉长安城武库遗址出土部分铁器的鉴定》，《考古学集刊》（第三辑），中国社会科学出版社 1983 年版。

五　礼制建筑

礼制建筑是汉长安城的重要组成部分。除西汉初期少量修建于长安城中外，绝大多数礼制建筑分布在城外，以南郊最为集中（图四一）。自20世纪50年代中后期以来，考古工作者对汉长安城礼制建筑遗址进行了大规模的勘察和重点发掘，取得了丰硕的成果。在中国古代都城礼制建筑遗址考古中，西汉都城礼制建筑遗址的考古工作是开展时间最早、发掘数量最

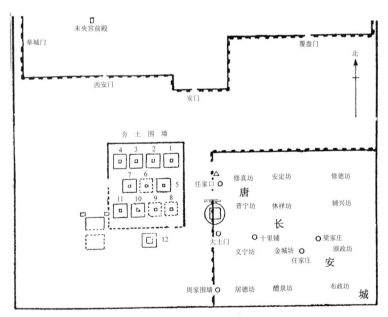

图四一　汉长安城南郊礼制建筑遗址平面位置示意图

多、成果最为丰硕的。

（一）明堂（辟雍）

1. 明堂（辟雍）的考古收获

1956年7月至1957年10月，在西安市西郊大土门村附近建设施工中，发现了西汉时期的明堂（辟雍）建筑遗址。对此，考古工作者进行了全面的考古发掘工作。

明堂建筑群是由主体建筑、围墙院落与圜水沟三部分组成。主体建筑位于明堂建筑的中心部位。其四周围筑了方形院落，院落四面中央各辟一门，院落四角各有一曲尺形平面建筑。院外有一平面圆形的圜水沟将其包围其中。圜水沟正对院落四门处，其外又有平面长方形的小圜水沟（图四二）。

明堂筑于平面方形的夯土台上。此台东西206、南北205米。夯台之上有一直径62米的圆形夯土基址，其主体建筑置于圆形夯土基址之上，平面似亞字形，方向正南北，东西42.4、南北42米。主体建筑中央为夯筑方台，东西17.4、南北16.8米。此即文献所说的"太室"或"通天屋"。方台的四面各有对称的前堂、后室，前堂为方砖铺地，后室地面涂朱。每面前堂的左右各设一"个"，四面的前堂和左右"个"面阔均为24米，其中前堂面阔四间，左右"个"面阔各两间。前堂置二阶，左右"个"各置一阶。

明堂建筑周筑围墙，形成方形院落（或谓宫城），边长235米，围墙四面距主体建筑的"太室"各96米。院墙宽约1米，墙体内外均以壁柱加固，墙顶部原置瓦顶以防雨水冲淋。推测瓦顶为两面坡，因墙体内外均有夯筑散水和砖砌滴水沟。

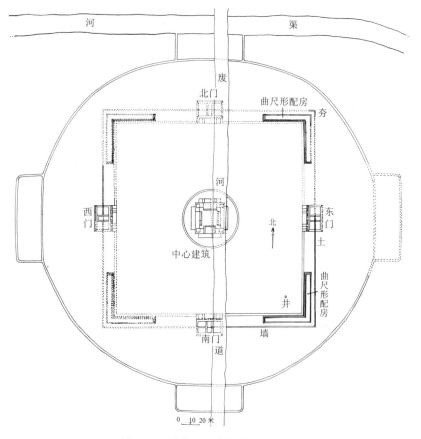

图四二 明堂（辟雍）遗址平面图

院子四面的四座门形制相同，每门距主体建筑的"太室"各81.5米。门中间为隧（门道），宽4.5、长12.5米。隧左右为塾，塾宽7.65、长11.95米。塾内外居中处有一墙（埔），宽1米。该墙将塾分为内塾与外塾。内塾面阔5.5、进深7.65米，外塾面阔5.45、进深7.65米。门有左右塾，塾又分内、外，这证实了《尔雅·释宫》中"一门而墊四"的记载。四个墊应各在靠其与院墙相连接处开一便门，为进出墊之门道。墊与门道间为 1.2 米宽铺砖地面，墊的其他几面为廊，廊道宽 1.6 米。墊的前后廊外为卵石散水，宽 0.8 米。复原的这种门址建筑，似为"人君"的"两下之门屋"。隧内前后居中处置门，门槛两端与夯土门墩相连。此门墩即由门道两墊中间的"墉"延伸而来，宽亦 1 米。墊上筑屋。此墊之门，文献称"台门"，也有称汉长安城明堂之院落大门为"两观"的。按照《周礼》，只有天子和诸侯可以使用"台门"，这说明都城长安的明堂应为皇室建筑。

明堂院落四角各有一座平面曲尺形建筑，其大小、形制相同。曲尺形建筑每边长 47 米，后面为墙，前面为敞厅，置檐柱。每边各十间，房外为廊，廊外为卵石散水，散水之外为铺砖路面。这种曲尺形建筑的作用类似未央宫的角楼，二者平面形制亦相似。

院内东南角有一水井，井口径 1.38、深 5.8 米，底部井壁尚有陶质井圈。

院外围绕圜水沟，其范围东西 368、南北 349 米，沟深 1.8、宽 1.8~2 米。砖砌沟壁。圜水沟与院落四门相对处又各围一近长方形小水沟。东西两面的小水沟长 90 米，南北两面的小水沟长 72 米，小水沟距圜水沟 27 米。北边小水沟与其北河渠相通，明堂圜水沟的水通过北边小水沟由河渠进出，其余三面小水沟与圜水沟相通。与院落四门相对的圜水沟和小水沟上，原架有石桥[1]。

2. 关于明堂（辟雍）问题的研究

据文献记载，汉长安城南郊礼制建筑群中有明堂、辟雍。

二者实际是一组建筑的两个名称，明堂强调其主体建筑部分，辟雍侧重说明建筑群外围的圜水沟"如璧之圆、雍之以水"（《三辅黄图》）。汉代文献多把明堂、辟雍相提并论。明堂、辟雍早在西周时期即已出现。当时明堂是宣政教之处，辟雍是明教化之所。其实二者功能是相通的。《三辅黄图》以唐长安城为坐标，记载辟雍在长安西北七里，明堂在长安西南七里，后者"西南"应为"西北"之误，实际二者均在唐长安城西北七里。因《三辅黄图》亦载"立明堂城南"，同书又引《汉书·王莽传》载，王莽"九庙"在"金水之南、明堂之西"。若明堂在"长安西南七里"，无论长安是指唐长安城还是汉长安城，都与汉长安城南郊王莽"九庙"等相距甚远，也不属汉长安城城南范围。

《水经注·渭水》记：昆明故渠"东径明堂南，旧引水为辟雍处，在鼎路门东南七里，其制上圆下方，九宫十二室，四向五色堂"。这恰与大土门村发掘的汉长安城南郊礼制建筑遗址位置相近。《长安志》卷五引《关中记》记载，汉明堂在今任家口村东、十里铺西北。据任家口村西北500米处发掘的北魏邵真墓墓志铭记载，该墓位于"明堂北乡之永贵里"。也就是说，任家口村为明堂北乡。此乡以汉明堂为方位坐标命名，即墓志出土地任家口村应在汉明堂之北。任家口村南邻大土门村，故大土门村的汉代礼制建筑可推断为汉明堂遗址。该遗址周围的圜水沟恰又说明它既是明堂，又是辟雍。因而根据文献记载和目前掌握的考古资料，可以认定该遗址为西汉时期的明堂遗址[2]。

汉长安城明堂是目前中国考古学发现时代最早的明堂遗址。在此之后，又发掘了汉魏洛阳城明堂、辟雍遗址和唐洛阳城明堂遗址，北魏平城明堂、辟雍、灵台遗址正在发掘中。综观上述四处明堂遗址我们可以发现，汉长安城明堂建筑对后代有着重要而深远的影响。

汉魏洛阳城的明堂、辟雍为分别营筑，二者均在城南，位于平城门（东汉洛阳城）、宣阳门（北魏洛阳城）东南。明堂遗址平面呈方形，夯墙围筑成方形院子，边长 400 米。院子中央有一直径 62 米的圆形夯台，主体建筑建于其上。辟雍在明堂东 150 米。辟雍院子平面呈方形，边长 170 米。院子四面各筑一门，中心为一方形夯土基址，边长 45 米。基址北连一条南北向大道[3]。

北魏平城明堂、辟雍和灵台三者一体。这组建筑群遗址位于平城城南近郊。其外夯筑围墙，平面为圆形，内有圜水沟，直径 289～294、沟宽 18～23 米。圜水沟之内又有五座夯土建筑基址。中心建筑规模最大，夯土基址平面呈方形，边长 42 米[4]。基址上的情况还有待今后考古发掘进一步了解。《水经注·湿水》记载：平城"明堂上圆下方，四周十二户，九堂，而不为重隅也。……加灵台于其上，下则引水为辟雍"。

武则天在唐代东都洛阳城宫城内的中轴线上，毁乾元殿，于其地建造了明堂。经发掘了解到明堂主体建筑的夯土基址平面呈八角形，东西残长 54.7、南北残宽 45.7 米。基址中心有一巨型柱坑，坑底由四块青石构成巨型石础，直径 4.17 米[5]。

从已发掘的考古资料来看，西汉以后的明堂形制一般为上圆下方，这是根据"上圆象天，下方法地"之说。除武则天刻意复古、别出心裁之外，汉魏洛阳城和北魏平城的明堂、辟雍均遵古制，都建于都城之南，即"在国之阳"。而北魏平城和唐洛阳城明堂，像汉长安城的明堂一样，将辟雍纳于其中。

（二）宗庙

1. 宗庙的考古收获

西汉时期，长安城附近的宗庙比较多。西汉初年，在汉长安城中修建了太上皇庙、高庙和惠帝庙。后来，又在长安城外东南部营建了汉文帝的顾成庙。西汉一代，京城附近的帝陵之旁建筑了一批陵庙，如高祖长陵的高庙、景帝阳陵的德阳庙、武帝茂陵的龙渊庙、昭帝平陵的徘徊庙、宣帝杜陵的乐游庙、元帝渭陵的长寿庙、成帝延陵的阳池庙等。根据《汉书·韦贤传》记载，当时"京师自高祖至宣帝，与太上皇、悼皇考，各自居陵旁立庙，并为百七十六"，可见庙宇之多。

太上皇庙是汉高祖刘邦父亲的宗庙。《三辅黄图》记载：此庙在长安城中，香室街以南、酒池以北。香室街当为清明门大街，酒池在长乐宫东北部，太上皇庙应在长乐宫以北，清明门大街以南。

高庙是汉高祖刘邦的庙，建于长安城中。根据文献记载和考古勘探，高庙应位于安门大街以东、长乐宫西南，约在今西安市未央区未央宫乡东叶村一带，处于安门大街与东城墙东西居中和长乐宫南墙与南城墙南北居中处。高庙遗址东西69、南北34米。《西汉会要》卷十二引《汉旧仪》记载：高庙建筑规模庞大，占地"六顷三十亩四步，祠内立九旗，堂下撞千石钟十枚，声闻百里"。

惠帝庙也在长安城中，《长安志》引《关中记》记载："惠帝庙在高庙之西"。因此，有的学者认为《书道》所载的"西庙"文字瓦当为惠帝庙的建筑材料。如果这种假设成立的话，惠帝庙应在未央宫以东、安门大街以西、武库以南。当然这还要得到今后考古工作的证实。

顾成庙是汉文帝的庙。它与高庙、惠帝庙有两点不同：一是顾成庙为文帝在世时"自为庙"；二是高庙、惠帝庙均在长安城内，而顾成庙在长安城外。《汉书·文帝纪》服虔注：顾成庙"在长安城南"，系汉文帝前元四年（公元前176年）秋九月所建。《长安志》卷十记载：顾成庙遗址在唐长安城休祥坊，即今西安市西郊玉祥门以西1公里，大庆路以北一带。

自文帝以后，西汉皇帝不再在长安城附近筑庙，均于"陵旁立庙"。西汉末年，王莽控制朝政，又在长安城进行了大规模建庙活动。1958年，考古工作者在今西安市未央区三桥镇枣园村和阁庄一带的西安冶金机械厂发掘了一组汉代建筑群。其位于汉长安城安门和西安门南出平行线之内，北距汉长安城南城墙1200米。

建筑群由十二座建筑组成，每座建筑形制基本相同（图四三）。其中一座在建筑群南边，其外围筑夯土墙形成院落；另十一座共有一围墙形成大院落。十一座建筑分为南北三排，中间一排有三座，南北两排各四座。每座亦于其外筑墙，形成

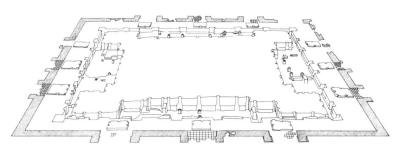

图四三　宗庙遗址鸟瞰图（摹绘）

小院落。

南边建筑的院落平面呈方形，边长280米。中心建筑平面亦为方形，边长约100米。此院北距大院落10米，正对大院南墙东西居中位置。

这组建筑群的大院落平面呈方形，边长1400米。院落之内的十一座建筑，每座建筑的平面均为正方形，如回字形，外为院墙，内为中心建筑。院墙边长270～280米（图四四）。

图四四　宗庙遗址（三号遗址）

中心建筑边长55米，四面对称，平面为亞形，中央为高大夯土台基，原台基地面应高出四面厅堂地面2米，台基中央部分称太室，四隅凸出部分称夹室，太室和夹室象征着五行——木、火、土、金、水。太室和夹室平面均为方形。太室边长27.5米，其面积占中心建筑的一半。夹室边长7.5米。太室的四面各有一厅堂，其形制、大小相同。清理出来的厅堂地面，低于其外围台面50厘米，厅堂之内并列柱础四排，每排四个。原来厅堂地面之上应铺置木地板，十六个柱础当用于支垫地板。根据文献记载，太室东西南北四面的四个厅堂应分别名为"青阳"、"总章"、"明堂"、"玄堂"。每个厅堂的两边各有一间小房子，应为左右"个"。四厅堂之间有绕过四夹室的廊道相连通。廊道后壁（即中央台基四周）共有壁柱一百个，廊道檐柱有二十八根。每个厅堂前面的外围台面各有三个夯土台。其平面呈方形，边长 2.8 米。每个夯土台前面连以铺砖道路，每个厅堂前面中间的夯土台前面铺砖道路与小院子的四座门相对。中央建筑四周环绕卵石铺装的散水。根据发掘时观察到的遗迹，中心建筑的墙壁之上刷了粉白颜色，墙基部分饰有红色壁带，朱红色的地面验证了文献记载的"土披朱紫"。

中心建筑位于小院子中央，院墙宽 4.5 米。每面院墙中央各开一门，正对中心建筑。从四门中心点到中心建筑中央各距135 米。四门形制、大小相同，均由门道、左右塾组成。门道宽 5.4、长 13.6 米，门道前后居中处置木门槛、装木门。门道左右为塾。左右塾大小、形制相同，长 13.6、宽 10.5 米。二塾前后居中处有一墙，即文献所称的"塾"，将左、右塾分隔成前后两部分，形成了一门四塾，即左前塾、左后塾和右前塾、右后塾。塾外有铺砖廊道和卵石散水。门道为朱红色草泥地面。院子四门根据东西南北方位不同，分别出土有青龙、白虎、朱雀、玄武图案的瓦当（图四五），这证实了"四神分司四方"的记载[6]。

2 . 关于汉长安城南郊宗庙建筑群的讨论

目前将汉长安城南郊发现的上述建筑群遗址性质，定为汉代宗庙建筑，这在学术界意见是一致的。不同的是关于宗庙主人的问题。传统看法认为，这组建筑群应为王莽"九庙"故址。实际这组建筑群，不只是九座庙，而是由十二座庙组成。

图四五　宗庙遗址出土四神瓦当
1.青龙　2.白虎　3.朱雀　4.玄武

至于十二座庙如何排列，有的学者研究认为南边最大建筑为黄帝太初祖庙。大院之中三排十一座建筑中，南排四座自东向西依次为齐教王世祖昭庙、虞帝始祖昭庙、陈胡王统祖穆庙和济北愍王王祖穆庙。中排三座自东向西依次为田和昭庙、帝喾祖庙和田建穆庙。北排四座自东向西依次为阳平顷王戚祢昭庙、济南伯王尊祢昭庙、元城孺王尊祢穆庙和新都显王戚祢穆庙[7]。近年又有一种新的观点，认为汉长安城南郊的宗庙建筑群，从其"基址数目、排列组合关系、建筑规模、年代、地理方位等"分析，均不应是王莽"九庙"。而王莽"九庙"应在汉长安城东十三里的轵道以南某处。汉长安城南郊这组建筑群应为汉室十二帝的祖庙，南边最大的建筑为高祖庙，其北大院中的十一座庙，南排四座庙由西向东依次为惠帝庙、吕后庙、文帝庙和景帝庙，中排三座庙由西向东依次为武帝庙、昭帝庙和宣帝庙，北排四座庙由西向东依次为元帝庙、成帝庙、哀帝庙和平帝庙。这是王莽在篡汉前为汉室兴建的"桃庙"，即祖庙[8]。

3. 汉代宗庙形制的研究

汉长安城及其附近的汉代宗庙为数不少，除个别进行了考古发掘或勘探（如汉长安城南郊宗庙建筑群）外，大多仅限于调查。已发掘的十二座宗庙遗址，从主体建筑到各自院子围墙，其平面均呈方形，包容十一座宗庙建筑群的大院子平面亦为方形。汉宣帝杜陵陵园东北的陵庙遗址经勘探，主体建筑基址东西 63、南北 66 米。位于咸阳市秦都区马泉乡萧家堡的汉代建筑遗址，西北距汉昭帝平陵约 5 公里。该遗址主体建筑基址东西 56、南北 60 米。参照有关文献记载，此应系孝昭庙故址。可以看出，上述陵庙的主体建筑基址平面均为方形，有的院子亦为方形。汉代宗庙主体建筑的方形平面，直接受到其皇宫——未央宫的影响。

汉代在大朝之地筑宫城，帝陵置陵园，宗庙营"庙园"。"庙园"与宫城和陵园一样，亦四面各辟一门。庙园的门与陵园的门在形制上几乎相同，大小也相近。比较重要的是在"庙园"门址发现的青龙、白虎、朱雀、玄武纹饰的四神瓦当。过去有的文章和专著中谈及，它们出土于汉长安城内的宫殿中，或为未央宫的宫门用瓦，根据我们在汉长安城遗址的多年考古工作，城内并未出土四神瓦当，这类瓦当可能是专门用于宗庙的建筑材料。

汉代长安宗庙之中有编钟、编磬，是宗庙中必备的礼乐之器。编钟情况文献多有记载，如《三辅黄图》引《关辅记》曰："秦庙中钟四枚，皆在汉高祖庙中"。又引《三辅旧事》云："高庙钟重十二万斤"。复引《汉旧仪》云："高祖庙钟十枚，各受十石，撞之声闻百里。"一些金石学文献上曾载有西汉王朝宗庙出土的编钟，如《西清古鉴》、《金索》、《小校经阁金文拓本》等均有著录。可喜的是近年征集到西汉晚期的十四件编磬，应为新近出土。从编磬刻铭可知，它们属于西汉晚期皇室宗庙。编磬为石磬，是实用打击乐器。磬体刻铭内容为宗庙名、乐舞名、律名、阶名、干支、左右或高下数字等，字体为小篆[9]。这批编磬均为石灰岩磨制而成，制作工艺精细。磬体鼓部稍窄长、股部较宽短，基本符合《周礼·考工记·磬氏》记载的"股二鼓三"比例，造型为句背弧底。以往发现的编磬，多为东周遗物，汉代编磬罕见。这些可能属于西汉都城长安宗庙出土的编磬，对我们研究汉代长安宗庙礼乐制度有着极为重要的意义[10]。

（三）社稷

1. 社稷的考古收获

社稷是对"地母"的崇拜。社稷实际就是"社"，因为周人以其祖先后稷配社，所以有了社稷之称。

古代中国以农立国，"地母"是土地的象征。古人认为，农业与土地息息相关，因此对"社"的崇拜十分普遍。上自京师，下至乡里，到处都有。古代社会等级观念严格，"社"也分成三六九等，如王有"王社"，侯有"侯社"，县有"县社"（或"公社"），一般乡村则有"里社"。由于"社"的等级不同，其规模也不一样，如天子的"社稷土坊方五丈"，诸侯社稷规模仅有此一半（蔡邕《独断》；《续汉书·祭祀志》刘昭注文）。

西汉王朝在京师长安南郊营建的社稷位于宗庙建筑群之西，即今西安市未央区三桥镇曹家堡，现已在西安冶金机械厂厂区之中。它与汉宗庙建筑群遗址对称分布于由汉长安城西安门南出的南北路两侧。

《汉书·高帝纪》记载：汉王二年（公元前 205 年），刘邦进入关中，"令民除秦社稷，立汉社稷"。汉长安城的社稷可能就是西汉初年在秦代社稷基础之上改筑而成[11]，西汉中期又进行了扩建。该遗址现存夯土基址高 4.3、东西残长 240、南北宽 70 米，平面为东西窄长方形。这就是文献记载中的"官社"[12]。西汉末年王莽当政时，这座建筑可能被废弃，然后又在其南边修筑了新的社稷。此遗址平面呈回字形，内外圈平面皆为方形，边长分别为 273 与 600 米。内外圈四面正中各有一门，门址平面形制与宗庙和明堂（辟雍）的方形院子门址相同[13]。社稷中央未发现建筑遗迹。这应是元始五年（公元 5 年），由王莽主持为汉皇室建造的"官稷"遗址[14]。《后汉书·光武帝纪》注引《续汉志》记载：东汉王朝"立社稷于洛阳，在宗庙之右，皆方坛，……无屋，有墙门而之"。这与已发现汉平帝元始五年所建汉长安城社稷形制相同。社稷之中种植

"谷树"（即楮树）是作为对社稷神的祭祀。

2. 社稷发现的意义

中国古代社稷遗址保存下来的很少，这有两方面的原因。第一，社稷祭祀对象往往以"树"为之，树的不宜长久留存是显而易见的。第二，中国古代以农立国、以农为本，而社稷成为农之代表，国之象征。立国先立社稷，使社稷与宗庙并列为"国之所重"。国亡则社稷废，社稷成为改朝换代时的主要破坏对象，因此能够保存下的都城之社稷遗址实属罕见。汉长安城社稷遗址是中国古代都城遗址惟一经考古发现的社稷遗址。

关于社稷活动，文献多有记载，但其形制又不清楚。汉长安城社稷遗址的考古发现，为我们提供了了解中国古代早期社稷的珍贵资料。从已发现的考古资料来看，东汉洛阳的皇室社稷与西汉长安的情况基本相同。而汉代社稷主要是继承了先秦社稷形制，并影响了以后历代都城社稷的建筑。

（四）其他礼制建筑的探讨

据文献记载，作为都城的礼制建筑，除上述明堂（辟雍）、宗庙、社稷外，汉长安城附近还有南北郊（即天郊、地郊）、灵台、太学、天齐公祠和五帝祠等。

1. 天郊和地郊

天郊是祭天，祭天活动和场所安排在长安城南郊。原来皇帝祭天在云阳甘泉山（今陕西淳化县北）。建始元年（公元前32年），汉成帝根据匡衡建议将此场所迁到都城之南。据《水经注·渭水》记载：昆明故渠"南有汉故圆丘，成帝建始二年（公元前31年），罢雍五畤，始祀皇天上帝于长安南郊，应劭曰：天郊在长安南，即此也"。这就是说汉圆丘即天郊。《长安志》卷五引《括地志》记载："汉圆丘在长安治内四里居德坊东南隅。"居德坊故址在今西安市西郊的周家围墙村附近。天郊所以称"圆丘"是因为古人认为天是圆的，因而祭天之处要选圆形的土丘。圆丘又称"圜丘"。《三辅黄图》记载，汉代圆丘"高二丈，周回二十步"。祭天的圆丘历代多有营筑，直至现在尚存的有明清两代所建的北京天坛，但目前经过考古发掘的只有唐长安城的圆丘遗址。该遗址位于唐长安城正门明德门东 950 米，南城墙之外。圆丘夯筑，遗址底部直径 54、现高 8米。共四层，由下向上逐层缩小，各层层高 1.5～2.3 米不等。圆丘设十二阶道，均匀分布于四周，作为登丘之道[15]。汉代圆丘设八阶道。据文献记载，唐长安城圆丘主要继承周汉以来的礼仪制度，这对我们了解汉代圆丘无疑是非常重要的参考资料。

地郊是祭地的。元鼎四年（公元前 113 年），汉武帝立后土于汾阴（今山西万荣西南）。建始元年，成帝在根据匡衡建议将祭天活动场所从云阳甘泉山迁到长安城南郊的同时，也把在汾阴祭地的后土迁到长安城北郊。一般来说，天郊、地郊分别于都城南、北进行祭祀，但有的朝代也有将二者合于都城南郊的。如王莽当政时，就曾合祭天地于长安城南郊。建武元年（公元 25 年）仍袭王莽之制，合祭天地于"鄗之阳"。第二年，光武帝改为分别于都城洛阳南郊、北郊祭祀天地。魏文帝黄初二年（公元 221 年），于明堂中祭祀天地。魏明帝景初元年（公元 237 年）才于洛阳南郊筑圆丘。西晋、南北朝、唐宋、明清大多沿用都城南、北祭祀天地之制。关于南郊和北郊的具体地望，有些文献已有记载，如东汉光武帝建武二年（公元

26 年）所建南郊在城南七里，北郊在城北四里。又如，后周天郊在城南五里，地郊在城北六里等。天郊和地郊主体建筑形制不同，前者为圆丘形，后者为方丘形。

除了目前北京仍保存的明清两代的地坛之外，古代其他王朝的地坛遗址情况尚不清楚。近年，考古工作者在南京紫金山海拔 276.9 米处，发现六朝刘宋孝武帝时期在钟山之上建筑的北郊坛（即地坛）。坛址位于山梁顶部，坐北朝南，东、南、西三面为山谷，象征"水泽"。坛体东、南、西三面环成四层台面，每层台面外缘用加工过的石头砌筑墙体。每层台面由下向上逐层内收，最下一层的南墙长约 88、高约 1 米。坛体表面用纯净黄土堆筑成四个小坛，每个小坛均为方形，底边长约 20、高约 1 米。坛体南面中央顺山坡砌造一条南北方向的石阶道路，石阶宽 5~6 米，长度超过百米。坛体表面有坑、沟等祭祀遗迹[16]。南京六朝刘宋地坛的发现为寻找汉长安城北郊坛提供了大量的信息，同时也为人们研究汉代地郊提供了宝贵的考古资料。

2. 灵台

灵台是天子用于"观祲象，察之妖祥"的地方，也与礼制活动密切相关。因此，北魏平城的灵台与明堂、辟雍筑于一处。

汉代灵台初称清台，后更名为灵台，亦称清灵台。《三辅黄图》记载："汉灵台，在长安西北八里。"此长安乃唐长安城，同书亦载"汉明堂"、"汉辟雍"、"汉太学"等均在"长安西北七里"，可见它们相距不远。韦述《两京新记》载："修真坊内有汉灵台。"修真坊位于唐长安城西北部、汉长安城遗址东南部，即今西安市西郊任家口村东附近。又《水经注·渭水》

云：辟雍在"鼎路门东南七里，……北三百步有灵台"，这与上述文献的记载是一致的。《长安志》卷十记述：汉灵台遗址"崇五尺，周一百二十步"。汉长安城灵台遗址还未发现，其他更详细一些的情况也不见于文献记载。东汉洛阳灵台距西汉长安灵台时间不远，二者相近处当不少。汉魏洛阳城灵台遗址已进行了考古发掘。该遗址位于都城南郊，占地面积 4400 平方米。灵台中央为主体建筑，周施院墙，院子平面近方形，南北长 220、东西宽 200 米。主体建筑为一高台，台基平面方形，边长 50、现高约 8 米。台基四周各有上下两层建筑，下层为回廊，廊外置卵石散水。上层每面有并列五间房屋。台基顶部"上平无屋"，以便观测天象[17]。中国古代著名天文学家张衡就曾在这里工作。我们从汉魏洛阳城的灵台也可想像出汉长安城灵台的大概形制。

3. 太学

汉长安城的太学与明堂（辟雍）相邻，《长安志》卷三引《关中记》载："汉太学、明堂皆在长安城南，安门之东、杜门之西"。《两京新记》更具体记载太学在辟雍西边。有的学者认为先秦时期的辟雍就是教育场所。汉代礼制建筑有了进一步分工，太学作为国家最高学府、专门的教育机构而存在，但仍被视为礼制建筑，故置于长安城南郊。

根据《汉书》记载，武帝"兴太学"。太学规模逐渐扩大，学生增多，武帝时的几十人，至成帝时已增至三千人。到西汉末年，太学学生多达一万余人，学生宿舍有"万区"之多。汉长安城太学遗址尚未究明。东汉洛阳太学兴建于光武帝建武五年（公元 29 年），以后又屡经扩建。其位于都城（洛阳城）南郊礼制建筑区中。东汉太学分为两部分，一部分在辟雍之北。

其范围东西 200、南北 100 米。这里过去多有汉魏石经碎块出土。在此处太学遗址东北约 100 米处的另一部分太学遗址，东西约 150、南北约 200 米，四周筑有围墙。东汉建立伊始，光武帝就开始了太学的兴建。东汉洛阳太学之规模要大于西汉长安太学。东汉顺帝阳嘉元年（公元 132 年），洛阳太学学生多达三万余人。

4. 天齐公祠与五帝祠遗址

在泾阳县嵯峨乡天井岸村有一古代挖造的人工土坑。土坑平面呈圆形，口径 260、底径 170、深约 40 米。土坑北壁有一方形通道，长 80、宽 30 米。坑底为平坦的人工踩踏硬面。坑内堆积中发现少量汉代瓦片，而坑侧发现多处汉代瓦砾堆积。据考古工作者推定，此坑为西汉遗迹。天井岸村之名当与此土坑有关。土坑所在地今又称七里塬。《三原县志》记载："天齐原一名七里原"，即古代此地曾名"天齐原"。宋敏求《长安志》云："天齐原，在县（三原县）西北二十里，连嶻嶭山（即嵯峨山），上有天齐祠。"《汉书·地理志》亦载：谷口"有天齐公"。泾阳嵯峨乡为汉代谷口县所辖范围，亦即上述文献所载之"天齐原"。天齐是秦汉时代祭祀的八神之首神——天主。天齐即天之中央。《汉书·郊祀志》颜师古注云：天齐"如天之腹齐也"。天井岸村发现的西汉时期巨形土坑，从地望、形状、时代来看与文献记载的汉代谷口"天齐"相近。有的学者推断，这就是西汉时代祭天的天齐公祠遗址。该遗址南距汉长安城 46 公里，与汉高祖长陵、汉长安城安门和子午谷皆在东经 108°52′42″到东经 108°52′52″之间。这条南北方向基线直度极高，偏度与总长度之比为 0.22%。

天齐公祠遗址以东 480 米有一组汉代大型建筑遗址，面积约 30 万平方米。遗址内包括了五座覆斗形夯土基址，呈十字形分布，间距约 550 米。每座基址底部边长 10～21、残高 4～8 米。基址附近发现大量汉代砖瓦和柱础、陶水管道、散水卵石[18]。《汉书·地理志》记载：谷口县有五帝祠。考古工作者根据文献记载结合考古勘察资料推测，该建筑群遗址即西汉五帝祠遗址。五帝为天上东、西、南、北、中五方之帝。汉代诸神祭祀中，以五帝最尊贵。五帝祠在天齐公祠旁，天齐公祠与汉长安城南北相对。作为礼制建筑的天齐公祠、五帝祠与长安城有着密切的关系。

（五）汉长安城礼制建筑形制与都城布局

1. 礼制建筑形制对比研究

汉代礼制建筑主要包括宗庙、社稷、明堂（辟雍）、灵台、太学、圆丘、地郊、天齐公祠、五帝祠和陵寝建筑等，一般分布在都城之南北，其中尤以城南最为集中。

汉代礼制建筑从已经勘察和发掘的情况来看，有以下一些特点：

第一，"崇方"现象。汉代礼制建筑的主体建筑及其院落平面多为方形。如汉长安城南郊的十二座宗庙的主体建筑及其各自的"庙院"和十一座"庙院"外围的大院，已勘察的昭帝平陵徘徊庙、宣帝杜陵陵庙的主体建筑遗址，西汉官稷遗址的内外两重院落遗址等平面均为方形。西汉帝陵的陵墓封土、陵园平面一般为方形。东汉洛阳的礼制建筑明堂、辟雍、灵台等院落、主体建筑平面亦为方形。汉代各种礼制建筑的方形平面，大多是受汉代未央宫的方形平面影响，上溯可至秦代及先

秦时期。如河南辉县固围村魏王室陵墓的享堂遗址、河北中山
国王陵享堂遗址及其出土"兆域图"上的享堂和秦始皇陵的寝
殿遗址等，其平面皆为方形。

第二，在汉长安城礼制建筑中又以宗庙和社稷最突出。它
们占据了礼制建筑群中的重要位置。单体宗庙和官稷的院落规
模大小相同，其外又均各置一大院落。这种布局形制对后代
"左祖右社"的影响是颇为深远的。宗庙和社稷作为最基本的
礼制建筑，在中国古代社会出现的时间最早，延续的时间最
长，使用的范围最广。

第三，宗庙、社稷、明堂（辟雍）等作为仿皇宫所建的礼
制建筑，不仅仅限于其院落和主体建筑的方形平面。这些院落
四向辟门，门为一门二塾的"台门"，院内四角各置曲尺形建
筑等均与皇宫宫城形制相近。至于宗庙、明堂（辟雍）主体建
筑四面设阶，每面三阶，卵石散水环绕主体建筑形成"四霤"，
也都是受到帝王殿堂制度的影响。

2. 礼制建筑与都城布局

中国古代都城礼制建筑在先秦时期已存在，但其考古工作
开展的较少，相应考古资料也十分有限。因此，关于先秦时期
都城礼制建筑基本情况的了解还不甚清楚。汉长安城礼制建筑
是目前中国古代都城遗址中，开展考古工作最多、主要礼制建
筑布局结构比较清楚的遗址。

西汉初年，长安城营建伊始，高祖刘邦发布命令废秦社
稷、兴汉社稷。汉长安城官社遗址在其南郊，是在被废的秦社
稷遗址基础之上修建的。萧何治未央宫，南北宫门间道路应为
其宫城轴线。这条轴线伸向南北的西安门和横门之间，应为都
城长安城的轴线。沿此轴线从西安门向南延长，汉社稷恰在此

轴线西侧。西汉末年，汉官社废毁，又在其南修建了官稷，但仍设在长安城南北轴线向南延长线的西侧，这说明西汉一代一直是把社稷安排在与宗庙相对的"右社"位置。

关于汉代"左祖"观念在汉长安城建设中也得到了充分体现。西汉初年，惠帝刘盈修筑高庙。庙址在未央宫东南部，处于前殿或皇宫的"左"位。汉文帝为自己修建的顾成庙在长安城南郊的东部。顾成庙亦可视为处于皇宫"左"位。严格意义的"左祖"应是西汉末年王莽在长安城南北轴线东侧，与社稷对称位置所修的宗庙。

我们注意到，宗庙和社稷皆在汉长安城外。根据文献记载，东汉时期的都城洛阳继承了西汉长安的作法。光武帝于建武二年（公元 26 年），在洛阳建筑"高庙"、"社稷"和"郊兆"，后者位于"洛阳城南七里"。中元元年（公元 56 年）光武帝又在洛阳城西北一里兴建了"北郊"，在洛阳城南修筑了明堂、灵台和辟雍等。北魏洛阳城的宗庙、社稷已在都城之内、宫城之南，而明堂、辟雍、灵台、太学仍在汉魏洛阳城南郊。但不像汉长安城，宗庙和社稷并未与其集于一处，这一位置变化为以后历代都城所继承。

注　释

［1］唐金裕《西安西郊汉代建筑遗址发掘报告》，《考古学报》1959 年第 2 期。

［2］杨鸿勋《从遗址看西汉长安明堂（辟雍）形制》，《建筑考古学论文集》，文物出版社 1987 年版。

［3］中国社会科学院考古研究所《新中国的考古发现与研究》第 50 页，文物出版社 1984 年版。

［4］王银田等《山西大同市北魏平城明堂遗址 1995 年的发掘》，《考古》2001 年

第 3 期。

[5] 中国社会科学院考古研究所洛阳唐城队《唐东都武则天明堂遗址发掘简报》，
《考古》1988 年第 3 期。

[6] 中国科学院考古研究所汉城发掘队《汉长安城南郊礼制建筑遗址发掘简报》，
《考古》1960 年第 7 期。

[7] 黄展岳《汉长安城南郊礼制建筑的位置及其有关问题》，《考古》1960 年第 9
期；黄展岳《关于王莽九庙的问题》，《考古》1989 年第 3 期。

[8] 王恩田《“王莽九庙”再议》，《考古与文物》1992 年第 4 期。

[9] 郭汉东《近年出土的西汉宗庙编磬》，《文物》1997 年第 5 期；李学勤《西
汉晚期宗庙编磬考释》，《文物》1997 年第 5 期。

[10] 王子初《珠海郭氏藏西汉宗庙编磬研究》，《文物》1997 年第 5 期。

[11] 《史记·李斯列传》记载：秦统一后，李斯即在首都主持“立社稷，修宗庙，
以明主之贤”。

[12] 《汉书·郊祀志》记：“汉兴礼仪稍定，有官社未立官稷。”臣瓒注曰：“高帝
除秦社稷，立汉社稷，《礼》所谓太社也。时又立官社配以夏禹，所谓王社
也。”

[13] 雒忠如《西安西郊发现汉代建筑遗址》，《考古通讯》1957 年第 6 期。

[14] 《汉书·郊祀志》记：“遂于官社后立官稷，以夏禹配食官社，后稷配食官稷。”

[15] 中国社会科学院考古研究所西安唐城工作队《陕西西安唐长安城圜丘遗址的
发掘》，《考古》2000 年第 7 期。

[16] 《中国文物报》1999 年 9 月 8 日。

[17] 中国社会科学院考古研究所洛阳工作队《汉魏洛阳城南郊的灵台遗址》，《考
古》1978 年第 1 期。

[18] 国家文物局主编《中国文物地图集·陕西分册》（下），第 444 页，西安地图
出版社 1998 年版。

六

市场与里居

西汉首都长安城既是当时全国的政治中心，又是商业中心，因此这里有全国规模最大的市场、众多的商人和消费者。庞大的城市聚居了大量的人口，城市居民因政治地位不同、财产多少不一，形成不同的居民区。各种居民区统一纳入里的基层行政组织进行管理，使都城城市功能得以正常运行。

（一） 东市和西市

都城长安庞大的消费群体，是长安商业发达的重要原因。商业的进行离不开商品交易场所——市场。汉长安城的市场有多处，文献记载不一。《汉书·刘屈牦传》有"四市"记载，这或因以"四"言方位，"四市"不应是四个市。又有一说，长安有"九市"，如《三辅黄图》、《西都赋》和《西京赋》中均有这样的记载。我们认为"九市"之"九"当为约数。汪中《述学·释三九》载："凡一二之所不能尽者，则约之以三，以见其多；三之所不能尽者，则约之以九，以见其多。"古人以"九"言市之多者不只是"长安九市"，如《汉书·东方朔传》云："殷作九市之宫"。

至于把九市说成东市有六市、西市有三市似为不妥。都城长安确实不只四市，有可能还会超过九市，但东市和西市应是都城中最重要的市。

1. 东市和西市的勘察

20世纪80年代后半期，考古工作者在汉长安城遗址西北部进行了大规模考古勘探，以寻找都城的著名市场——东市和西市，现已基本究明其范围[1]。

东市遗址位于今西安市未央宫区六村堡乡袁家堡村东、曹家堡村西的南北向水渠以西，周家堡村北、相家巷村的东西公路附近。其范围即汉长安城的厨城门大街以西120米，横门大街以东90米，雍门大街以北40米，北城墙以南170～210米。东市东西780、南北650～700米。

西市在东市西边，位于今西安市未央区六村堡乡的六村堡以东、袁家堡以西、相家巷以南、黄庄和铁锁村以北。其范围即汉长安城西城墙以东400米，横门大街以西120米，雍门大街以北80米，北城墙以南20～310米。西市东西550、南北420～480米。

东市和西市之内各有两条平行的贯通全市的东西向和南北向道路，分别在二市之中形成井字状道路网。由于其纵横贯通全市，所以二市的四面各辟二门，形成一市八门。

在东市和西市之间的横门大街上，北距横门约160米处有一大型汉代建筑群遗址，其范围长、宽各约300米。主体建筑位于建筑群中央，东西147、南北56米。据推测，这就是文献记载的长安市的当市观，或称当市楼、市楼。据《三辅黄图》记载："当市楼有令署，以察商贾货财买卖贸易之事，三辅都尉掌之。"这座市楼遗址东西分别为东市和西市遗址，又证明了文献记载长安市领东市和西市之说。

2. 从东市和西市看汉代市场形制

中国古代社会有严格等级规定。国家设都城，郡治、县治等所在地又有其相应的"城",作为当地的政治、文化经济中心。在不同等级城市中,又有相应的不同等级的市场。一般而言,各级城市的地位不同,反映在市场规模、布局形制上也不一样。但作为商业活动舞台,它们又有着基本的相同之处,如为了便于管理,市要围筑墙垣,墙上辟门,称市门。市门是出入市场的必经之处,往往成为市的代名词。古代斩首示众又称弃市,弃市活动一般安排在市门。《汉书·云敞传》记载:吴章"坐要斩,磔尸东市门"。市门不但是市的代称,甚至作为从商的象征。《史记·货殖列传》云:"农不如工,工不如商,刺绣不如倚市门。"市内通行的道路,称"隧"。其规模大小与数量多少,各市情况不同,有的相差甚多,如都城长安的市内有百隧之多。隧作为市内主要干道与市门相通。市的中央建筑有市楼。因市楼之上悬挂旗子,所以又称其为旗亭。

市内的商肆称市肆。市肆按其经营内容分类分别安排在市内不同地方,同类商店排列于一起,因此又称为列肆或市列。列肆安排在道路两旁。比较固定的市还要有存放商品的房屋,称邸舍或市廛,也就是现在我们所说的存放商品的仓库。

汉代各类城址发现不少,但对其中的"市场"遗址开展考古工作的不多。不过,有些汉画像砖上保留了一些有关市场的图像资料,如四川广汉、彭县和新繁出土的市井图画像砖。它们反映了当时市井的一些情况[2],但并不是都城的市,而应属于县治。从图像可知,这些市周围有墙垣围绕,并辟有市门,有的每面各设一市门,市中心为市楼。市内主干路呈十字形,将市分成四区,每区有整齐排列的肆,肆有三至四列。

汉长安城东市和西市的勘探资料说明,都城市场要比县治市场复杂一些。在东市和西市之间有国家管理市场的市楼。东市和西市各自于市中心还设有"市署"之类建筑，负责管理本市的事务。东市和西市之内主干道路平面为井字形，每市市门有八座。

这种市场布局形制为唐长安城所继承，甚至都城中主要市场的名称也被沿用下来。日本古代平城京内也仿照唐长安城设置了名称相同的东市和西市。由此可见，汉长安城的东市与西市在中国乃至东亚古代都城发展史上影响之大。

除了城内的东市和西市外，汉长安城城郊还有不少市，如便桥的交道亭市、咸阳渭河边细柳仓旁的柳市、渭河桥附近的直市、渭北秦咸阳城西的孝里市、长安太学附近的会市等。此外，长安附近驻军所在地还有以军人为对象的军市。有的商品专业性很强，且利润高，销量大，故也专门辟市经营，如长安酒市。西汉末年，还有少数贵族、豪富私自设立市，如王根在汉长安城"立两市"。上述这些市的规模一般不大，有的既无市场，更无市楼，如太学旁的会市之中仅有数百行槐树，称槐市。每逢朔望之日开市，人们在树下交易，平时这里大概是太学学生的休闲之地。

3. 关于东市和西市关系的探讨

据《汉书·惠帝纪》记载，西市建于惠帝六年（公元前189年）。西市是以方位命名的，营筑西市之时，因其东有东市，故名西市。当然东市在未建西市之前也不会称东市。根据《史记·汉兴以来将相名臣年表》记载：汉高祖六年（公元前200年）"立大市"。刘邦设立"大市"是对全国而言，首都长安也不例外。刘邦在长安设立的"大市"，应即后来的东市。高祖时，长安因无西市，故不言东市，只称"大市"。惠帝在长安建西市时，因其东已有"大市"，否则"西"无从谈起。自长安大市之西建立西市，"大市"亦更名东市。

根据考古勘探资料，东市面积0.4875平方公里，西市面积0.2475平方公里，前者较后者面积几乎大一倍。出现这种情况与二市市场性质有关。

作为长安的"大市"，东市以商业活动为主。《周礼·司市》记载："大市日昃百市，百族为主。"东市商业活动发达，商品种类五花八门，因此造就出不少京师有名的大商人，如"东市贾万"，"上干王法，下乱吏治，并兼役使"，号称"长安宿豪大猾"；东市王好卿卖豉为业，"以财养士，与雄桀交"，积聚资产巨万，被任命为"东市令"。

市场是众人聚集之地，古代"刑人于市"，目的是斩首示众，"与众弃之"。西汉一代弃市、磔尸者未见记载有在西市进行的，而在东市行刑者大有人在，如晁错、吴章、刘屈氂和成方遂等均被斩杀于东市。

与东市情况所不同的是，西汉时期驰名京师的大商人未见有出于西市者，这可能与西市商业活动不甚发达有关。正因为如此，所以长安城的弃市活动未见有在西市进行的记载。

西市虽然商业活动不如东市发达，但其手工业则是东市所不及的。考古勘探发现，西市之内有大面积的手工业作坊遗址，其中西市东北部，即今相家巷村东和东北部以铸币作坊遗址为主；西市中部和西部，即今相家巷村南和六村堡一带有不少制作陶俑和砖瓦等陶制品的作坊遗址；西市南部，即今相家巷村东南一带有冶铸作坊遗址。西市中的一些手工业生产是直属中央管辖的，如铸币业、属于东园秘器的陶俑制造业等。西市偏居于长安城西北隅，环境封闭，便于官府对重要手工业的控制。东市东靠宣平门内长安城中主要居民区，南近达官显贵的"北阙甲第"，西邻西市的手工业作坊区，这些都方便了东市的商业活动。

长安城的东市和西市，一个以商业为中心，一个以手工业为中心，二市组成以"长安市"为代表的商业与手工业相结合的市场，这正是中国封建社会初期城市市场的特点，也是为什么东市和西市相邻的原因。唐长安城中市场虽然仍称东市、西市，但均以商业活动为主，与汉长安城的二市工商分工的性质已不同。唐长安城中的东市和西市是作为大都会之中不同区域的商业中心而设置的。

（二）汉长安城里居

1. 里居的分布与形制

汉长安城居民成分复杂，上自皇室显贵、达官豪富，下至商贾士人、百姓贫民，几乎包括了社会的各个阶层。由于城市居民政治、经济地位的不同，所以其住地也形成了分区，如官邸、甲第和一般闾里等。

（1）官邸

官邸既是官府办公处所，又是官吏的住地。长安城中的官邸一般为诸侯国、汉王朝邻近地区或国家派驻京师的办事处或外交机构。

西汉时期，"诸侯各起邸第于京师"。这些"邸第"是诸侯国首脑的"朝宿之舍"。邸第之前一般冠有诸侯国之名，如代邸、鲁邸、齐邸、昌邑邸等。由于其为诸侯王国之邸，所以又称国邸。

西汉王朝中央政府为其邻近地区或国家在长安城修建了邸第，由于这些地区或国家被皇帝视为蛮夷之邦，所以其邸第称蛮夷邸。

关于国邸的地望还不清楚，考虑到其邸第主人的政治地位，国邸当在未央宫附近。蛮夷邸在藁街。此街在未央宫北，大概即横门大街或直城门大街。

（2）甲第

长安城的官僚贵族住宅一般称"第"或"舍"，"第"又分成"大第"和"小第"。

汉高祖十年（公元前 197 年）下诏曰："为列侯食邑者，皆佩之印，赐大第室。吏二千石，徙之长安，受小第室。"[3]长安城中的"大第"规模宏大，并竞相仿照皇家建筑。这类"大第"一般称"甲第"或"甲舍"，即第一等的"第"、"舍"。京师甲第、大第非一般官吏所能居住，只有像萧何、霍光、董贤等朝廷重臣才能享此殊荣。

长安城的"大第"、"甲第"大多分布在未央宫附近，皇帝认为这是为了"'近我'以尊异之"[4]。其中以未央宫北部为主，东部数量较少。以未央宫为基点，前者称"北第"，后者称"东第"。"北第"在未央宫北阙附近，故张衡《西京赋》载："北阙甲第，当道直启"。"北第"分布范围约在桂宫以东、厨城门大街以西、直城门大街以北、雍门大街以南，即今西安市未央区六村堡乡北徐寨、南徐寨、何家寨等地。东第分布范围约在未央宫以东、安门大街以西、武库以南，即今西安市未央区未央宫乡东张村、西叶寨和大刘寨一带。

"大第"和"甲第"的行政单位也是"里"，像居住皇亲国戚的戚里、达官显贵生活的尚冠里等，都应分布在"大第"或"甲第"之中。

（3）一般闾里

长安城的一般居民住在里内。据文献记载，长安城有一百六十个里，密度很大，但布局还是比较整齐的。因此，文献记载长安城"室居栉比，门巷修直"[5]。这些里大多分布在长安城东北部。

2．里居与城市人口问题研究

长安城虽然有一百六十个里，但流传下里名者为数很少。对此，《三辅黄图》、《西征赋》等书中均有记载。另外，在汉简和汉印上也反映出都城的一些里名，如尚冠里、修成里、大昌里、戚里、宣明里、建阳里、昌阴里、黄棘里、北焕里、南平里、陵里、函里、李里、孝里、宜里、棘里、南里、苟里、有利里、当利里、假阳里、嚣陵里、敬上里等[6]。

里是长安城中最基层行政组织，城市的户籍管理也是以里为基点。里的负责人为里魁，或称里正。里是封闭式管理，设有门，置"里门监"管理进出。里的规模大小不一，一般每个里多者不过百户，少者三四十户，一般五十户左右。西汉长安城内当不设乡。王莽当政，采取了不少复古作法，其中都城"分长安城旁六乡"便是其中一项[7]。

注　　释

［1］刘庆柱《西安市汉长安城东市和西市遗址》，《中国考古学年鉴》（1987 年），文物出版社 1988 年版。

［2］刘志远《汉代市井考——说东汉市井画像砖》，《文物》1973 年第 3 期。

［3］《汉书·高帝纪》，中华书局 1962 年版。

［4］《汉书·夏侯婴传》，中华书局 1962 年版。

［5］《三辅旧事》，丛书集成本。

［6］王子今《汉代长安乡里考》，《人文杂志》1992 年第 6 期。

［7］《汉书·王莽传》，中华书局 1962 年版。

七 手工业遗址

西汉是中国古代强盛的王朝，社会经济空前发展与繁荣。在汉代经济领域中，手工业又占有重要地位。汉代手工业所取得的光辉成就，为世界所瞩目。都城长安是国家经济中心，也是重要的手工业基地。长安城及其附近有铸钱遗址，以及生产砖瓦等建筑材料、东园秘器的制陶遗址和铸造遗址，这些都反映了汉代先进的科技水平。

（一）制陶手工业遗址

制陶手工业是人类最古老的手工业之一，几乎与农业同时伴随着人类从史前时代进入文明时代。这一古老的传统手工业在汉代以砖瓦建筑材料和陶明器的生产而闻名于世。汉长安城制陶手工业的考古发现，向人们展示了汉代制陶手工业的辉煌成就。

1. 砖瓦窑址

秦汉砖瓦称誉于世。砖瓦是汉代基本的建筑材料，汉高祖刘邦定都长安，在原秦咸阳城渭河南岸离宫区内营建都城，大兴土木，有力地促进了砖瓦建材业的发展。

为了节约运输劳动力，古代宫室建筑所用砖瓦大多系就地烧造，汉长安城也不例外。我们在汉长安城西北部和中部发现了一些汉代烧造砖瓦的窑址。

　　长安城西北部清理的砖瓦窑，位于今西安市未央区六村堡东和相家巷村西南。其规模不大，由前室、火门、火膛、窑室和烟道几部分组成。窑室平面呈长方形，长2.86、宽2.34～2.44米。窑顶原为馒头状，所以，此类窑又称馒头窑。这些窑址比较分散，不是统一管理的。从窑址出土遗物来看，产品也是多样化，专业化程度不高。因此，我们推测这些窑可能是民窑。它们的产品供长安城中的一般居民百姓使用[1]。

　　长安城中部清理的砖瓦窑，位于今西安市未央区未央宫乡讲武殿村，即汉长安城北宫以南、直城门大街以北。共发掘了十一座砖瓦窑，分为三组，东西两组各有四座窑址，中间一组有三座窑址。三组窑间距为15～18米。每组窑皆呈东西向排列，各窑间距约为0.8～1.5米（图四六）。

　　这些砖瓦窑窑室平面一般为椭圆形，除一座陶窑外，其余

图四六　北宫南面砖瓦窑遗址

图四七　北宫南面砖瓦窑出土博局纹方砖

均为单烟道。这些都是西汉前期陶窑的特点，与西汉中期及以后陶窑窑室平面形状和烟道结构有明显不同。后者窑室平面为长方形，有三个烟道[2]。这群陶窑址内出土遗物主要是砖瓦，有的砖瓦上还发现了"大匠"陶文戳印。

汉代陶质建筑材料有砖、瓦、瓦当、水管道、井圈等。砖有方砖、条砖、子母砖、券砖、空心砖等。方砖主要用于铺置地面。根据砖面纹饰，又可分为素面、方格纹、几何纹、菱形纹与涡纹等。方砖边长30～36、厚4.2～5厘米。还有一种方砖，砖面纹饰为博局纹。这种砖铺置在地面上，还可作为棋盘使用。博局纹砖长38.8、宽34.8、厚3.3厘米（图四七）。条砖均为素面，有宽窄两种。宽者长33.7～38、宽17.3～19.2、厚4.9厘米；窄者长32～37、宽7.5～10、厚4.8厘米。子母砖用于砌筑地漏，砖面呈长方形，长边中部，一边置榫头，一边置卯眼。砖长32、宽28厘米。券砖多用于券筑井壁，前弧长50、宽18、厚9厘米。空心砖均用于砌筑踏步，砖面纹饰种类较多，有乳钉纹、菱形纹、卷云纹等。因个体较大，建筑遗址和窑址中出土完整者甚少。

瓦分板瓦和筒瓦两种，表面均饰绳纹。板瓦里面以素面为主，筒瓦里面多为布纹，也有麻点纹。板瓦个体很大，长约60厘米，两端宽窄不一，宽端50 窄端43、厚2.4厘米。筒瓦长56～60、宽约20、厚2.1～3.5厘米。

西汉都城出土瓦当分半圆瓦当和圆瓦当两种，按当面区分有素面、图案或图像、文字瓦当等。图案或图像瓦当出土数量最多，占出土瓦当的75%。图案或图像瓦当中，又以图案瓦当数量占绝大多数。图案瓦当中主要为云纹瓦当，是汉代瓦当中最具特色的。文字瓦当在瓦当中具有特殊重要意义，也是汉代瓦当中最具时代特点的。汉长安城遗址出土文字瓦当的文字内容主要有"长乐未央"、"长生无极"、"长生未央"、"与天无极"、"千秋万岁"、"延年益寿"等。此外，还有少量"与天"、"延年"、"汉并天下"、"卫"、"右空"、"都司空瓦"、"维天降灵延元万年天下康宁"文字瓦当等。排水管道以五角形管道最具特色。井圈多为圆形。

从考古发掘资料来看，十一座砖瓦窑址时代相同，结构基本一样，规模相近，布局规整，排列有序，产品均为相同时期的。砖瓦窑址出土的有"大匠"陶文戳印的砖瓦，说明这些窑址与"大匠"有关。"大匠"应是"将作大匠"省称，其职责是"掌治宫室"[3]，也就是主管皇室基建的官署。已发掘的十一座砖瓦窑应为将作大匠管辖的官窑。它们位于长安城中部，生产的砖瓦等建筑材料可能是供未央宫、武库、长乐宫和北宫等处使用。北宫建成后，这批官窑大概也就完成了其历史任务，窑址遂被废弃，原地经整理成为北宫南侧的广场。

长安城建设中砖瓦建筑材料的用量是很大的，仅北宫南侧这些砖瓦窑很难满足都城的建筑需要，长安城内其他相关地方还应有一些砖瓦窑，这有待于今后进一步去发现。

2. 烧造陶俑的窑址

在汉长安城西北部，今西安市未央区六村堡乡六村堡、相家巷村附近，经过考古调查和勘探，发现了不少汉代陶俑窑遗址，20 世纪 90 年代初发掘了其中的二十多座。从发掘情况来看，陶俑窑址可分为两大类，即民窑和官窑。

（1）民窑址

所谓民窑就是私人经营的制陶手工业生产作坊。这种窑址大多分布在西市遗址以外的西部和南部，即今西安市未央区六村堡东和东南一带。

烧造陶俑的民窑，与烧造砖瓦的民窑形制、大小基本相同，有的甚至既烧陶俑又烧造陶容器和少量砖瓦，这也是民窑的一大特点。

属于民窑的陶俑窑的第二个特点是每座窑址烧造的陶俑品种很多，有人俑，也有动物俑。人俑中有男俑、女俑。俑的大小规格、形制也不一样，有立俑、踞坐俑、骑马俑。立俑则有着衣与"裸体"之分。着衣立俑又有双臂和无双臂之区别。各类人俑的发式不尽相同，服饰也各种各样，大小更是悬殊甚大。动物俑则有牛俑、马俑、羊俑、猪俑等等。

民窑址的第三个特点是分布散乱，排列无序。上述窑址发现的陶俑应系墓葬随葬品中的明器，在汉长安城附近的汉墓中多有出土。

这些民窑生产的陶俑应属于投放市场的商品，陶俑窑东部的东市可能就是其重要销售场所[4]。

（2）官窑址

官窑址在长安城西市遗址的东北部，即今西安市未央区六村堡乡相家巷村南，北距汉长安城北城墙270～280米，西距汉长安城西城墙约700米。已发掘的二十一座陶俑窑址分为三组，其平面分布呈三角形，东北部七座窑址，西南部八座窑址

图四八　汉长安城西南部陶俑窑遗址（官窑遗址）

（图四八），东南部六座窑址。东北部与西南部二窑址群相距62米，西南部与东南部二窑址群相距52米，东南部与东北部二窑址群相距29米。

二十一座陶俑窑形制、大小相近，窑址均为半地穴式，位于生土层，一般由前室、火门、火膛、窑室和排烟设施（进烟

口、烟道、排烟口）五部分组成。前室平面略呈长方形，入口处为夯土台阶或坡道。前室地面有一层较厚的人工踩踏面。火门立面呈拱形或三角形，火门处有以土坯或砖砌的封火墙。火膛底部平面呈梯形，与前室相接的一端较窄，连接窑室的另一端较宽。火膛立面为拱形，顶部朝窑室方向呈弧形。根据火膛遗存物判断，当时烧窑燃料为木柴。窑室平面近长方形，窑室与火膛连接处、窑室的窑床边，横向有一道隔火墙，由长方砖单砖顺砌。隔火墙在每一层中，两砖之间均留有宽约5厘米的进火孔。相邻上下层的进火孔错位排列，这样可使火膛的火通过隔火墙的进火孔均匀进入窑室。

在窑室的窑床上，与上述隔火墙成垂直方向，有一道分火道隔墙。其两端分别与隔火墙和窑室后壁相连接，将窑室纵分为大小相同的两部分。分火道隔墙为单砖顺砌，每一层的二砖之间均留有5厘米宽的通火孔。相邻上下层的通火孔错位排列，可使火膛进入窑室部分的火力，通过分火道隔墙的通火孔均匀流动。

从出土遗物来看，二十一座窑均为烧制裸体陶俑的陶窑。关于秦汉时期的陶俑（立俑）烧造方法一直不清楚，而长安城陶俑窑窑室保存的陶俑为我们解开了这个谜。窑室放置陶俑坯之前，在窑床上先撒一层细沙，上铺一层软泥，最上面再撒一层细砂，三层共厚约5厘米。陶俑坯垂直放置，头朝下，脚朝上，面向火膛，纵成排、横成行（图四九）。各窑装陶俑坯的多少与窑室面积成正比，一般小者每窑装俑坯350个以上，大者每窑装俑坯450个左右。

窑室顶部呈馒头状，窑门设在窑顶左侧或右侧。

在窑室后壁与窑床相接处，有左、中、右三个进烟口，其后连接烟道。以中进烟口为主。为防止烟火从进烟口迅速进入

图四九　陶俑窑遗址及陶俑坯

主烟道，使火力在窑室内得到更充分的利用，分火道隔墙正对中进烟口，这样减缓了烟火进入中进烟口的速度，提高了窑室中火力的利用率。左右进烟口在中进烟口两侧，窑室后壁底部左右角，二进烟口内有烟道连至主烟道。

　　陶俑窑出土陶俑均为裸体、直立式，身高 55.5～60.5、肩宽 6.6～8.9、胸厚 4.3～6.8 厘米。陶俑体型细长，无臂。在双肩与双臂相接处有规整的圆形平面，直径约 4 厘米。其中央有直径 0.8 厘米的圆孔，横贯双肩。

陶俑中绝大多数为男性。其面部较平，颧骨微凸。直鼻梁，鼻翼宽度适中。薄唇。头梳西汉时期男子的主要发式，即前额头发自中间向两边分开，然后与两鬓脑后头发一起梳拢于头顶，绾成圆髻，中间横穿一孔，用于插簪。陶俑躯干截面呈椭圆形，胸、腹、背部平坦。绝大多数陶俑为素胎，个别的施白衣红彩。

根据窑址中出土的陶俑坯观察，坯土是选用当地黏土为原

图五〇　陶俑窑遗址出土陶俑范

料。经晒干、碾轧和陶洗等工序，去掉杂质，以使俑坯表面平滑细腻。俑为青灰色，致密度高，硬度强，烧结情况良好。根据出土的制俑模具和残损陶俑情况观察（图五〇），陶俑的制作为先分别合模制出俑的头颈、胸腹及腰以下部分，然后再将两部分进行对接。为使上下两部分粘接牢固，将接触面做成凹凸不平状。合模法制成俑坯后，还要进行局部堆贴、钻凿、刮削和刻划等工序。陶俑的白衣红彩是陶俑烧成出窑后施绘的。

裸体陶俑多见于西汉帝陵陪葬坑，如汉景帝阳陵、汉宣帝杜陵的陪葬坑中均有大量出土。汉武帝的茂陵、汉昭帝的平陵附近也曾出土裸体陶俑。此外，有的达官显贵的墓葬中也随葬有裸体陶俑，如陕西新安机砖厂汉墓就发现了不少的裸体陶俑。

裸体陶俑作为随葬品使用时是着衣的，这已为多处考古发现所证实。如汉宣帝杜陵第 1 号陪葬坑出土的裸体陶俑，于其腹部均发现铜带钩，这应是陶俑原来身着帛衣使用的带钩。汉景帝阳陵从葬坑出土的裸体陶俑身上已腐朽的丝织品仍依稀可辨。至于陶俑所接木臂，从其身边原来所执兵器似可想见当时之形象。裸体陶俑出现约在西汉景帝末年，下限不会超出西汉晚期。裸体陶俑的出现有一个发展过程。在汉长安城西郊的陶俑窑址区内（即民窑窑址附近），我们曾在同一废弃堆积坑中，清理出裸体、无臂和着衣三种陶俑。前两种的共同特点是均无双臂，不同的是一种裸体，一种着衣。前两种与第三种的区别是有无双臂。根据三种陶俑在西汉墓中发现的情况，其时代早晚序列依次为着衣陶俑、无臂陶俑、裸体陶俑。三者共存情况在属于汉武帝初期的陕西新安机砖厂汉代"利成"墓中曾有发现。无臂和裸体陶俑的出现，应是受到楚文化中木俑制造工艺的影响。南方楚文化系统中的木俑分着衣和彩绘木俑两类，前者在未着衣前，实际上是无臂裸体木俑。《盐铁论·散不足》中所记载的"桐人衣纨绨"应是指着帛衣的木俑。楚墓中的无臂着衣木俑早在战国时期即已存在，到西汉初期的湖北、湖南一带汉墓中仍大量使用。裸体陶俑的出现与当时为提高生产效益而追求产品的标准化有一定关系。

西汉时期帝陵随葬品的生产由少府所辖的"东园匠"负责。《汉书·百官公卿表》颜师古注曰："东园匠，主作陵内器物者也。"这一制度至少可追溯到秦，秦始皇陵园出土的陶钵上就刻有"东园"字样。西汉时期，不仅帝陵的随葬明器需由东园匠制造，而且构筑从葬坑的建筑材料亦不例外，如薄太后南陵从葬坑砌筑框栏的条砖之上就有"东园"印文。东园的明器有时也由皇室赐予达官显贵们使用。前面提到的陕西新安机砖厂汉墓（"利成"墓）出土的陶罐上就有"东园□□"字样。帝陵陪葬坑或汉墓中出土的裸体陶俑一般应由少府主管的"东园匠"制造。也就是说，长安城西市内的二十一座陶俑窑应属少府东园管辖的官窑。它们为同一窑群，生产活动统一管理。

关于这群官窑的生产规模，根据装满裸体陶俑坯的两座窑推算，窑室每平方米装俑坯102个，二十一座陶俑窑的窑室面积总计84.2平方米，一次可装俑坯8638个，若烧成率按80％计算，每次二十一座陶俑窑可烧陶俑约6900个，而每窑烧制时间只需数天，其产品数量是相当可观的。如果此推断无大出入的话，那么这里官窑生产的裸体陶俑可以满足西汉时期京畿地区帝陵和大型汉墓的随葬需求[5]。

（二）冶铸遗址

长安城西市遗址中南部曾发现汉代冶铸遗址，已清理的四座烘范窑址、冶铸遗址与废料堆积坑，出土了大量叠铸范及铁块、铁渣等遗物。

烘范窑大小、形制与陶俑窑基本相同，只是排烟设施变化较大。烘范窑排烟设施是在窑室后部用土坯砌一堵墙，隔成烟室，烟室平面呈长条形。在烟室与窑室相连处的墙体底部左右和中间各开一进烟口。烟室外接烟道排烟。

图五一　冶铸遗址出土叠铸范

在遗址废料堆积坑和烘范窑址清理中发现了不少叠铸范（图五一）。范系陶质，皆为泥质夹细砂，烘烧后呈浅红色或橘黄色。可辨认的器形有圆形轴套范、六角承范、带扣范、圆形环范、齿轮范、权范、器托范、镇器范、马衔范等。这些叠铸陶范，多数未经浇铸。与这些叠铸陶范同出的还有不少坩埚残块，系粗砂陶质，呈砖红色。根据遗址中同出的铁渣判断，这些金属制成品多数可能是用生铁浇铸。

汉代叠铸范过去在河南温县、南阳及山东临淄等地均有发现，温县还发现了一座烘范窑，但其都属于东汉时期。长安城西市范围内冶铸遗址发现的大量叠铸范和四座烘范窑址，时代均为西汉中晚期，而叠铸范所涉及的物品种类和烘范窑址数量都是最多的，加之是在都城长安西市内发现则更具特殊意义[6]。

西汉王朝自汉武帝开始实行盐铁官营，终其一代未变。这种官营活动包括了从开矿冶炼、生产铸造和产品销售诸方面。西市冶铸遗址的时代恰属汉代实施盐铁官营的西汉中晚期，因此，我们认为该冶铸遗址应属官营性质，与西市之内手工业以官营为主也是一致的。西市生产、东市销售，这样的分工又和西市与东市工商分工不谋而合。

（三）铸币遗址

铸钱手工业是汉代三大手工业之一。汉武帝时期实行铸钱由中央政府统一管理，具体负责此项工作的中央官署是"上林三官"。有的学者认为"上林三官"为钟官、技巧和六厩，而这"三官"皆在都城长安的上林苑中，故名"上林三官"。考古工作者在汉长安城遗址附近共发现四处大型铸币遗址，即陕西户县兆伦村、长安窝头寨、西安市未央区三桥镇高低堡与好汉庙、西安市未央区六村堡乡相家巷。兆伦村的汉代铸币遗址为钟官遗址。窝头寨和高低堡、好汉庙村汉代铸币遗址，可能为技巧遗址，这里出土的钱范上有"巧一"、"巧二"等记铭。相家巷村汉代铸币遗址为六厩遗址。汉长安城遗址曾出土"六厩钱丞"、"六厩火丞"封泥[7]。

　　在汉长安城西市遗址东北部，即今西安市未央区六村堡乡相家巷村东北和村东，发现不少西汉时期铸钱遗址，其中出土了数以千计的五铢钱砖雕范母，还发现了个别石雕范母。这些五铢钱范母形制相近，周有边缘，内作钱范（图五二）。范首

图五二　铸币遗址出土钱范

窄细装柄，中通总流，左右排各一至三行，阳文正书。间有题记，皆在总流左右，阳文反书。题记内容有纪年、编号、匠名等。纪年大多为元凤、本始、甘露等。这些带有题记、纪年内容的范母的出土，为五铢钱的断代提供了宝贵的资料。

汉长安城铸钱遗址与户县兆伦村汉代钟官遗址有所不同，这里没发现坩埚残块，也未见铜渣。我们认为长安城西市之内的铸钱部门只负责范母的刻范、制范，可能不进行铸钱活动。

以上介绍的汉长安城手工业遗址中出土的陶俑为帝陵陪葬之物。由东园匠负责生产叠铸范中的"权"范和车马器等，或反映了国家对度量衡的精心管理，或体现了官方对使用车马器件标准化生产的重视。五铢砖雕范母的大批制造，更体现了中央政府在都城之内对铸钱工业的严格管理，以及对铸钱工业关键环节的直接控制。

注　释

［1］中国社会科学院考古研究所汉城工作队《汉长安城1号窑址发掘简报》，《考古》1991年第1期；《汉长安城23～27号陶窑发掘简报》，《考古》1994年第11期。

［2］中国社会科学院考古研究所汉城工作队《汉长安城北宫的勘探及其南面砖瓦窑的发掘》，《考古》1996年第10期。

［3］《汉书·百官公卿表》，中华书局1962年版。

［4］同［3］。

［5］中国社会科学院考古研究所汉城工作队《汉长安城窑址发掘报告》，《考古学报》1994年第1期。

［6］中国社会科学院考古研究所汉城工作队《1992年汉长安城冶铸遗址发掘简报》，《考古》1995年第9期。

［7］党顺民、吴镇烽《上林三官铸钱官署新解》，《远望集》（下），第573～576页，陕西美术人民出版社1988年版。

八

离宫和苑囿

汉长安的离宫很多,主要集中在上林苑。个别离宫距都城较远,不在上林苑内。在所有汉代京畿离宫之中,以建章宫和甘泉宫最为重要。建章宫和甘泉宫实际上是作为汉代皇帝的皇宫使用的。因此,其宫城的管理、官吏的设置、城内的布局均与皇宫——未央宫相近。

上林苑是皇家苑囿,与都城长安密不可分。它实际是汉长安城的重要组成部分。

(一) 建章宫

1. 建章宫的布局形制

西汉中期,长安城建设达到顶峰。汉武帝不仅在城内扩建北宫、修筑了桂宫和明光宫,还在城西营建了"度比未央"的建章宫。

建章宫遗址在今西安市未央区三桥镇的高堡子、低堡子、双凤村、柏梁村和孟庄一带。宫城平面呈东西宽、南北窄的长方形,东西约2130、南北约1240米。建章宫主体建筑是前殿,前殿基址处现为高堡子、低堡子二村庄。前殿基址南北320、东西200米。基址地形目前仍为南低北高,北部高出现地面十余米。前殿位于建章宫中部偏西处。

太液池遗址位于前殿基址西北450米处,面积15.16万平

图五三　建章宫太液池渐台遗址

方米。池内东北部有渐台基址，现存东西60、南北40、残高8米（图五三）。考古工作者在太液池东边，曾发现一件西汉时期的巨大石雕——石鱼，长4.9、身径1米，大概即文献记载的太液池岸边的长三丈、高五尺的石鲸。至于文献记载的太液池岸边的其余三个六尺长的石鳖和各种石雕的珍禽、异兽等，也许今后会发现。宫城之内开池的作法虽早于偃师商城已有之，但池名"太液"者始于西汉时期修建的建章宫，以后历代宫城、都城中的池苑多沿用此名。

神明台是建章宫非常有代表性的建筑物，位于建章宫西北郊今孟村北。目前，神明台的巨大夯土基址仍高约10、底部东西52、南北5米。

据文献记载，建章宫"左凤阙、右神明"。建章宫东北部的凤阙基址位于今双凤阙村东，村名当源自凤阙。所谓双凤阙实际上是一对东西并立的阙台基址。古代民歌中的"长安城西有双阙，上有双铜雀"中的双阙，即此双凤阙。双凤阙二者东西间距53米，西阙基址保存较好，现高11、底径17米；东阙基址保存较差，现高6、底径5米。双凤阙位于建章宫前殿以东700米，汉代其间有东西大路相通（图五四）。双凤阙之间有南北大道，大道由二阙向南折西通向建章宫前殿。

图五四　建章宫双凤阙遗址

建章宫北宫门之外有圆阙。据文献记载，西汉末年赤眉军攻占长安时，圆阙毁于战火之中。圆阙形制与东宫门的凤阙相近，高二十五丈，其上装置了铜凤凰以为饰物。

建章宫南宫门为宫城之正门，称阊阖门，亦曰璧门。阊阖门为"天门"，即天上的紫微宫宫门。由于阊阖门"橼首薄以玉璧"，因此又称璧门。此门属于殿门性质，建筑有三层，高三十余丈，面阔十二间。门前阶陛以汉白玉制作，顶部有铜凤凰。宫门附近有别风阙，又称折风阙，传世的"折风阙当"文字瓦当属此阙遗物[1]。别风阙是因其阙楼之上有辨别风向之物而得名。

据文献记载，建章宫中宫殿很多，宫内建筑号称"千门万户"。传世的"馺娑宫铜壶"、"馺娑宫镫"[2]、"天梁宫铜镫"、"奇华宫铜圈"等[3]，应分属馺娑宫、天梁宫、奇华宫的遗物。

《汉书·郊祀志》记载：汉武帝作建章宫，"度为千门万户"，前殿"度高未央"。《长安志》卷三引《关中记》进一步指出，建章宫"制度事兼未央"。汉武帝自太初元年（公元前104年）修筑建章宫，至汉昭帝元凤二年（公元前79年）"自建章宫徙未央宫"，两代皇帝皆曾把建章宫当作皇宫使用。汉武帝太始四年（公元前93年）在建章宫"大置酒，赦天下"；始元元年（公元前86年），"黄鹄下建章宫太液池中"，公卿百官借此大吉大利，为天子祝寿。汉昭帝在建章宫"赐诸侯王、列侯、宗室金钱各有差"。直到元凤二年，汉昭帝才举行盛典，从建章宫徙居未央宫，为此皇帝"赐郎从官帛，及宗室子钱，人二十万。吏民献牛酒者赐帛，人一匹"[4]。

作为武帝、昭帝的皇宫，建章宫中的前殿为其主体建筑。前殿坐北朝南，由南向北逐步升高。宫城东宫门和北宫门筑双阙，城内开池筑台。上述这些都与未央宫一致，可见建章宫布局形制主要是仿自未央宫。

2. 关于建章宫太液池的研究

建章宫制度是仿造未央宫的，但也有其自身发展变化的特点，这主要表现在太液池的设计、安排、定名上。

太液池是人工开凿的水池，位于建章宫北部，前殿在其南。《汉书·郊祀志》记载：建章宫"北治大池，渐台高二十余丈，名泰液。池中有蓬莱、方丈、瀛洲、壶梁，像海中神山龟鱼之属"。可见，汉武帝在建章宫"治大池"是有着深层意义的。秦始皇曾在都城咸阳东郊开凿兰池。《史记·秦始皇本纪》正义引《秦记》云：始皇"引渭水为池，筑为蓬、瀛，刻石为鲸，长二百丈"。秦始皇二十八年（公元前219年）东巡至胶东半岛，登临琅邪台，眺望大海。齐人徐市上书，称海中有三座神山，名为蓬莱、方丈和瀛洲，上有仙人居住。故秦始皇在咸阳修建兰池以为大海，建造蓬、瀛以为蓬莱、瀛洲神山。汉武帝也正是受到了其影响，故在建章宫中治大池，建蓬莱、方丈、瀛洲等神山以图达仙境。

建章宫太液池取意为"大池"，象征大海。汉武帝在建章宫治太液池，池中筑蓬莱、方丈、瀛洲三神山，对以后的历代都城影响深远。如唐长安城大明宫中亦开太液池，池中有蓬莱岛；又如元大都在宫城西侧、皇城之内开太液池，池中筑瀛洲、琼华二岛。

建章宫规模宏大，宫城用水问题不容忽视。汉长安城用水主要依靠昆明池提供，经由沇水从章城门入城一支，此前已述及。另一支是北流至建章宫凤阙（今双凤村）东又分为二，一仍北流，另一西折入建章宫汇入太液池，后又从太液池北出入渭河。太液池又成了建章宫的"水库"，发挥着储积和调节其用水的重要作用。

（二）甘泉宫

1. 甘泉宫的布局形制

甘泉宫位于今陕西淳化铁王乡梁武帝村、城前头村和董家村等地。传说此地是黄帝以来祭祀天神的地方。到了战国时期，曾被匈奴人占领。秦取其地后，将云阳县的休屠、金人、径路神祠迁徙于甘泉山下，并以此地为起点，修筑了著名的直道，北通至今内蒙古包头。《三辅黄图》引《关辅记》载："林光宫，一曰甘泉宫，秦所造，在今池阳县西，故甘泉山，宫以山为名。宫周匝十余里。汉武帝建元中增广之，周十九里。"入汉，林光宫改名甘泉宫，宫名当取于宫殿所在地附近的甘泉山。

甘泉宫原来规模不大，汉武帝时对其进行了大规模的扩建。根据《长安志》卷四"甘泉宫"记载，其中有宫殿十二座，楼台一座。宫城四面各有一座宫门，或称司马门。

考古工作者已勘察了甘泉宫遗址，宫城平面近长方形，东宫墙长 880、南宫墙长 1948、西宫墙长 890、北宫墙长 1950、周长 5668 米，面积约 148.6 万平方米。宫墙夯筑，墙宽 7～8、高 1～5 米。宫城在今武家山沟和米家沟东西之间，中有城前头村和梁武帝村。甘泉宫南、北、西宫门均分别辟于宫城南、北、西宫墙的中部。南宫门外尚有门阙一对，二阙址东西相距约 50、北距南宫门 100 米。门阙基址夯筑，底部平面呈圆形，周长 80～90、残高 5 米。宫城的西南、西北角楼基址尚存，基址底部平面呈圆形，径约 7、现存基址残高 2～4 米[5]。

在甘泉宫内东北部，今淳化铁王乡梁武帝村东北现存两座东西并列夯土基址，二者相距约 70 米。二基址底部平面均为圆形，径约 200～220、高约 15～16 米。二基址应为高台建筑遗存。据《汉书·武帝记》载：元封二年（公元前 109 年）武帝"作甘泉通天台"，疑上述二高台基址或为通天台故址。

甘泉宫的主体宫殿是前殿，亦称甘泉殿，或称紫殿。紫殿得名于紫微星，其位于天上群星中央。前殿亦位于甘泉宫的中心。

甘泉宫中除前殿之外，还有竹宫、长定宫、通灵台、高光宫、七里宫和增成宫等宫室建筑。竹宫是皇帝的寝宫，也是甘泉宫中的避暑宫殿建筑。长定宫是皇后的寝宫。

甘泉宫西部有甘泉苑，或称甘泉上林苑、甘泉上林宫。传世的"甘泉上林"和"甘泉"字样的瓦、瓦当，以及带有"甘泉上林宫行镫"铭文的铜器，均应出于这一带[6]。根据文献记载，甘泉苑内有石关、封峦观、鸦鹊观等建筑。甘泉苑南有棠梨宫。

西汉王朝的皇帝，尤其是汉武帝，每年五月都要由长安北上至甘泉宫避暑，一直到八月才返回都城长安。汉代皇帝在此接待西域和周边国家的酋长、首领和外交使者，处理一些重大政务。甘泉宫的宫城布局形制仿照未央宫。西汉将未央宫、长乐宫、建章宫和甘泉宫视为都城四大宫城。它们各自均有大朝正殿——前殿，宫城四面各有一座宫门，即文献所载"汉未央、长乐、甘泉宫，四面皆有公车"[7]。公车为官署名，公车署设于宫门附近，并有公车司马令、丞等官员。故宫门又名公车司马门。公车司马令、丞为卫尉属官。根据汉代制度，卫尉负责皇宫安全保卫，而西汉一代设有卫尉的只有未央、长乐、建章、甘泉四宫城。

2. 甘泉宫与古代避暑宫城研究

甘泉宫是中国古代都城之中，第一个为皇帝避暑办公而专门修建的宫城。它实际上是一座都城附近的皇宫。汉代以后的一些重要王朝，继承了在都城附近修建避暑宫城的作法，如隋代的仁寿宫（即唐代的九成宫）、唐代的玉华宫和华清宫、清代的热河行宫等均为当时皇帝避暑处理政事之宫城。

这些宫城的共同特点是：

第一，均位于都城附近，地属京畿之地。隋仁寿宫、唐九成宫在今陕西麟游，位于隋大兴城、唐长安城西北部。玉华宫在今陕西铜川金锁乡玉华村，地处唐长安城北部。华清宫在今陕西临潼，西距唐长安城 25 公里。清代的皇帝避暑宫城在今河北承德，南临北京城。

第二，皇帝避暑的宫城是皇帝处理朝政之地，所以其宫城形制仿皇宫。如宫城之中筑有朝政的大殿，甘泉宫有前殿，九成宫有大朝殿，玉华宫有玉华殿，华清宫有飞霜殿等。

第三，这些宫城在"炎暑流金"之季，为皇帝及其主要官员休养、办公之处。汉唐至清，所有这些宫城均建于山区。甘泉宫在甘泉山边，九成宫"因山为城，因涧为池"，玉华宫旁有玉华山，华清宫在骊山北麓，清代承德行宫则称为避暑山庄。

第四，这类避暑宫城的布局形制仿造皇宫，由于其在京城之外，因地势而修建，其地大多又为山区，故虽有具备皇宫基本职能的格局，但相对而言不如皇宫规整。

（三）上林苑

1. 上林苑的历史沿革及地望与范围

汉长安城的上林苑始建于战国时期的秦国。《三辅黄图》记载："汉上林苑，即秦之旧苑也。"秦上林苑在咸阳城南面。《史记·秦始皇本纪》载："诸庙及章台、上林皆在渭南。"诸庙、章台基本在汉长安城遗址范围内，秦上林苑似在汉长安城遗址西南部，故《史记·秦始皇本纪》又载："营作朝宫渭南上林苑中"。秦上林苑始建年代不详，根据相关材料推测，其上限应在秦迁都咸阳以后，下限在秦统一全国之前。秦上林苑的规模较汉上林苑小。汉武帝建元三年（公元前138年）扩建上林苑，使上林苑"缭垣绵联，四百余里"，其"跨谷弥阜，东至鼎湖，邪界细柳。掩长杨而联五柞，绕黄山而款牛首"[8]。汉上林苑的范围西自今周至终南镇，东至蓝田焦岱镇，南始秦岭山脉北麓，北到渭河。

关于上林苑中的离宫别馆，各种记载不尽相同。班固《西都赋》记载：上林苑有"离宫别馆，三十六所"。《三辅黄图》记载的上林苑三十六所离宫别馆包括十一座离宫、二十五座别馆。《玉海》之《苑圃》引《汉旧仪》载：上林苑有"离宫七十所"。参照有关文献记载，上林苑中各种宫观建筑有长杨宫、五柞宫、贲阳宫、承光宫、储元宫、包阳宫、望远宫、犬台宫、宣曲宫、昭台宫、鼎湖宫、蒲陶（葡萄）宫，以及平乐观、博望观、益乐观、便门观、众鹿观、樛木观、三爵观、阳禄观、阳德观、鼎郊观、椒唐观、当路观、则阳观、走马观、虎圈观、上兰观、昆池观、豫章观、郎池观、华光观、宜春观、茧观、白杨观和细柳观等。上林苑中还有众多水池，其中以昆明池规模最大。此外，还有初池、麋池、牛首池、蒯池、积草池、西陂池、当路池、太一池、郎池、百子池等。它们与上林苑宫观杂处其间。

上林苑是一座皇家公园，其中豢养着许多珍禽异兽。古代养鸟兽的地方称作苑。上林苑之名当与其中所养禽兽有关。上林苑中的禽兽或供天子观赏，或供皇帝狩猎。上林苑中还养有马、鹿、虎、熊、犀牛、熊猫等，有的专门有"令"和"尉"等官吏对其进行登记造册。不同的动物由不同身份的人驯养、管理，如养鹿者多是官奴婢和贫民。上林苑中不少建筑物的名称与苑中豢养的动物有关，如白鹿观、走马观、虎圈观、射熊观、鱼鸟观、犬台、狮子圈和彘圈等，均得名于相应的动物。

古罗马有闻名世界的斗兽场，上林苑中的"斗兽场"却鲜为人知。斗兽场并非始建于汉代，秦已有之。秦昭王就曾把魏公子无忌派来的特使朱亥放到秦上林苑的斗兽场——虎圈之中，与猛虎决一胜负。汉代斗兽已不限于猛虎，还有与恶熊、野猪相搏者。为了便于观看斗兽活动，还修建了高大、宏伟的斗兽场——兽圈。兽圈是斗兽场，也是各种动物的养殖场。其中主要禽兽的种类、数量都要造册登记，备有禽兽簿。

除供观赏和斗兽之外，上林苑中的禽兽还有以下三种用途：

第一，皇帝每年到秋冬之季都要到上林苑中狩猎，届时上林尉把兽圈中豢养的禽兽放入猎场，供皇帝射猎。

第二，西汉时期，厚葬之风甚盛，皇帝更是视死如生。作为供其享受的珍禽异兽，自然属死后随葬之列。如《汉书·贡禹传》记载，茂陵之中就随葬有大量"鸟兽鱼鳖牛马虎豹生禽"。考古工作者在薄太后南陵的陪葬坑中，也曾发掘出随葬的熊猫和犀牛的骨架。这些珍禽异兽有可能即取自上林苑兽圈之中。

第三，上林苑中精心豢养着一些来自异域的狮子、鸵鸟和犀牛等，这是西汉王朝与邻近地区和国家友好往来的见证。

上林苑中不仅有大量的珍禽异兽，还汇集了各地的植物。汉武帝扩建上林苑时，各地献来名贵果木、奇花异草三千多种，如呼伦湖和贝尔湖一带的瀚海梨、昆仑山附近的王母枣、西域的胡桃和羌李、南方的蛮李等。有的建筑物还以上林苑中的植物命名，如蒲陶宫（即葡萄宫）、扶荔宫等。

上林苑既是皇家大公园，又是皇家大庄园。汉代皇帝所有土地称公田，公田大多分布在京畿地区。除供皇室使用的宫观、池沼、苑囿、猎场之外，上林苑中还有大量沃野良田。这些都属于皇室公田，或为耕地，或为牧场。

上林苑中还有中央政府控制的铸币场和皇室主要手工业，如为皇室服务的丝绸手工业。长安城未央宫中有东织室和西织室，其部分丝绸原料可能由茧观（或称茧馆）提供。为了表示对男耕女织等社会基础经济的重视，除了皇帝每年春季亲耕籍田外，皇后每年还要到上林苑"春幸茧馆"。

此外，上林苑中还有属于中央政府管辖的生产建筑材料的制陶业，规模最大的要算上林苑东南部、终南山北麓生产砖瓦的官窑。《三国志·魏书·董卓传》注引华峤《汉书》载："武帝时居杜陵南山下，有砖瓦窑数千处，引凉州木东下以作宫室。"

2．上林苑的考古发现

上林苑遗址的考古工作始于20世纪五六十年代，当时主要是对汉昆明池遗址及其附近宫观的调查[9]。昆明池是上林苑的重要组成部分。其故址在今陕西长安北常家庄之南，匣口村与细柳塬之北，东自孟家寨、万村以西，西到张村和马营寨东部。昆明池遗址面积约10平方公里。在池址之内东半部还发现有岛，面积约1万多平方米。岛上仍有汉代大型建筑遗迹，出土了"上林"、"千秋万岁"字样的瓦当等。这处建筑应即文献所载的豫章观，或称豫章馆、豫章台，亦称昆明观、昆明台。这类池中筑台的做法，与未央宫沧池之渐台、建章宫太液池之蓬莱山意义相同，亦喻神山仙境。

在昆明池西岸，今马营寨曾出土了汉代石鲸。石为火成岩质。鲸体浑圆，长 1.6、最大径 0.96 米。头部雕出鲸眼，尾部弯曲，鲸体鳞纹仍依稀可辨。其造型颇具汉代特点，刀法简捷，风格粗犷。《三辅黄图》引《三辅故事》记载，昆明池"刻石为鲸鱼，长三丈"，大概即指此物。

《史记·平准书》记载：汉武帝修昆明池时，池水四周"列观环之"。考古工作者在汉昆明池遗址附近的南丰镐村、孟家寨、石匣口村、花园村和客省庄等地均发现了西汉建筑遗址，如昆明池东岸、今孟家寨附近的白杨观遗址，昆明池南岸、今石匣口村西的细柳观遗址，昆明池西岸、今斗门镇客省庄一带的宣曲宫遗址等。这些可能即文献记载的"列观"。

在昆明池北部有西周镐池，汉代二池之间有河南北相连。在河的东边，今北常家庄东北 1 公里处原有石婆庙，庙里有石爷像，即牛郎石像，高 1.92、宽 1.3 米。石像五官清晰，短发挺立。其前额宽阔，双目有神，嘴唇紧闭。身着交襟衣，腰束带。右手曲肘上举作持鞭状，左手紧贴腹前作握绳状。其造型生动，风格朴拙，具有较强的表现力。在河的西边，牛郎石像西 3 公里，今斗门镇东北 1 公里的棉绒加工厂附近原有石爷庙。这里有石婆像，即织女石像，高 2.3、宽 0.9 米。石像呈跽坐状，发辫后垂，脸庞圆润。身穿交襟长衣，双手垂腹前。其柳眉微蹙，嘴角下撇，神情苦楚，这表现的应是"终日不成章，泣涕零如雨"的织女形象[10]。关于昆明池边的牛郎、织女，文献多有记述。班固《西都赋》载："临乎昆明之池，左牵牛而右织女，似云汉之无涯。"二石像均为火成岩雕，应是汉武帝元狩二年（公元前120年）修昆明池时所造。因而，其年代比霍去病墓的石刻组雕还要早三年，是迄今所知我国古代较早的大型石雕作品之一。

上林苑西部多为皇帝狩猎之处。对这里重要的宫观，如长杨宫、五柞宫、黄山宫等均进行了考古调查或勘探。长杨宫遗址在今周至终南镇竹园头村西150米，遗址面积约20万平方米。长杨宫遗址东北约4公里，今周至尚村镇临川寺有五柞宫遗址。长杨宫和五柞宫都是汉武帝经常光临的地方，二宫分别以杨树和柞树命名。关于黄山宫遗址地望，长期以来各种文献记载其在今陕西兴平西15公里的马嵬坡附近，也有一些文献记载其位于今兴平西南15公里的渭河北岸。目前学术界多持前一说。最新考古发现证实，黄山宫遗址应在兴平市东南的田阜乡侯村附近。遗址地势较高，南临渭河。遗址范围东西1000、南北500米，分为宫殿区与陶窑作坊区两部分。遗址中出土了大量空心砖、铺地砖、五角形水管道，其中"长生无极"、"长生未央"、"延年益寿"文字瓦当和九个瓦当王——夔凤纹半瓦当等，说明这组建筑群规模之庞大、等级之高贵，绝非一般建筑可比，应为皇家宫室。这里出土的"黄山"文字瓦当和汉代刻铭"横山宫"铜灯（"横"与"黄"为汉代通假字，"横山宫"即"黄山宫"），证明了这处大型建筑遗址即为汉黄山宫遗址[11]。

上林苑东南隅的"鼎胡延寿宫"，位于今蓝田焦岱镇西南部。遗址面积约3万平方米，已揭露宫殿基址七座，出土了大量汉代的建筑材料，其中尤以"鼎胡延寿宫"文字瓦当最为重要。

此外，在文献记载的上林苑范围之内，还发现了大量西汉时期遗址。从出土的大量遗物来看，这些遗址多为大型宫观建筑。此外，还有一些重要的官署或大型手工业作坊遗址。它们大多位于上林苑西南部。这里曾发现一些重要遗址与遗物，如今西安市未央区三桥镇高窑村的汉代遗址及其中出土的二十一件带铭文铜器；建章宫西南的陈家庄遗址、秧歌村遗址；西安市雁塔区鱼化寨一带汉代遗址及其附近出土的西汉时期的六枚马蹄金、麟趾金。上林苑东南部，即今西安市雁塔区曲江乡，是上林苑的另一重要地区。此处也保存有不少汉代大型建筑遗址。

通过考古勘察，结合历史文献记载和出土遗物的印证，对于上林苑的具体范围和宫观池苑分布情况已有所了解。汉上林苑东以灞河为界，西到周至终南镇的田溪河，北边基本以渭河为界（个别宫观有建于渭河北岸者，如兴平市东南的黄山宫），南边到终南山北麓。上林苑的平面颇似一个打开的折扇，扇轴为汉长安城，折扇左右顶端分别为鼎湖延寿宫和长杨宫。上林苑诸宫观遗址中已究明地望者还有贲阳宫遗址，位于户县西南的白庙村，为秦宫汉葺之建筑。此外，还有咸阳市沣西镇的犬台宫遗址，建章宫遗址北部的平乐观遗址，建章宫西北、平乐观西边的当路观遗址，建章宫西部的储元宫、包阳宫遗址，长安城西南部的虎圈观遗址，西安市未央区三桥镇高窑村的昭台宫遗址，长安县五台乡的太乙宫遗址等。

作为皇家禁苑，上林苑主要是供皇室游乐、休闲。但由于其范围广大，苑区之内还安排有重要的铸币官署和工场。"上林三官"是其中的代表。元鼎四年（公元前 113 年），汉武帝改革铸币制度，不允许地方铸币，铸币权统一由中央政府掌握。上林苑遗址内，曾发现多处铸币遗址，如长安县窝头寨、西安市未央区三桥镇好汉庙、户县大王镇兆伦村等地均发现了汉代铸币遗址。

兆伦村铸币遗址是目前所知汉代铸币遗址中规模最大、遗物丰富、最重要的一处铸币遗址。遗址东西 600、南北 1500 米，总面积约 90 万平方米。遗址中部出土有大量铸钱的陶范，也发现有少量铜范。从时代上看，有西汉五铢范和王莽时期的多种钱范。陶范可分为范母和背范两种，其中大多数为后者。背范又有带钱模的背范和光背范两种。五铢钱范中有五铢 和小五铢两种钱范。新莽钱范有一刀平五千、契刀五百、大泉五十、小泉直一、幼泉二十、中泉三十、壮泉四十、货泉、大布黄千、次布九百、幼布、货布等。与这些钱范同出的还有坩埚、陶拍、铜渣等。

陶窑集中分布于遗址西南部，窑的大小结构与汉长安城西北部考古发掘的陶窑基本相同。

在遗址区内随处可见各种汉代建筑材料，板瓦、筒瓦、瓦当、铺地砖、五角形陶水管等数量颇多，其中尤以"上林"、"千秋万岁"、"永奉无疆"文字瓦当较为重要。"上林"瓦当与该遗址同出的"𤰞官□丞"封泥，是判断该遗址性质的重要的考古资料。

通过对该遗址及出土遗物的研究，结合有关文献记载，初步推定这里应为上林三官之一的钟官遗址[12]。

3. 上林苑与长安城关系的探讨

作为皇家禁苑，上林苑的功能一目了然。

首先，上林苑加强了长安城的安全，尤其是皇宫的安全。长安城的宫殿主要在南部和西部，城外的南部和西部均被划入上林苑范围之内，使之成为皇宫——未央宫的"后花园"，使一般人很难接近未央宫西南两侧。由此，加强了其西部与南部的安全。未央宫北面有桂宫、"北阙甲第"和北宫为屏，东面则有长乐宫为障，可谓是固若金汤。

其次，上林苑的扩建缓解了都城长安宫室建筑的紧张。随着发展，汉王朝皇室与官僚机构日益庞大，长安城中的建筑已满足不了统治者的需要，上林苑成了都城的补充。皇室和中央政府的不少重要活动安排在上林苑，如汉宣帝在平乐观接待匈奴使者及其他外国君长。一些官署也设在上林苑，如接待匈奴首领单于来朝下榻的蒲陶宫。长杨宫、五柞宫、鼎湖延寿宫、宜春宫等亦为皇帝经常光临的离宫。

最后，上林苑的昆明池既是皇家禁苑的重要组成部分，又保证了都城长安的水源供应，为京师与关东漕运提供了必要条件。西汉中期，随着汉武帝在都城长安大兴土木，扩建了北宫和上林苑，新建了桂宫、明光宫和建章宫，都城长安的用水量骤增，充足的水源是保持都城繁荣的必要条件。此外，粮食的供应也需提到日程上来。把关东的粮食运到关中，水运最为方便、快捷。漕运成了都城长安保证粮食正常供应的主要运输方式。昆明池的修建同时解决了上述问题。

4. 上林苑与中国古代都城苑囿问题

先秦时期统治者已置苑囿，文献记载周文王在灵台就有"灵囿"，其中驯养了不少麋鹿。春秋时期的"囿"中已有水池，可以泛舟其上。周代以来，朝廷还设置了"囿人"，作为"囿"的管理官员。苑囿之发展始于秦，盛于汉。汉代在上林苑的基础之上，通过扩建、发展，使之成为都城的重要组成部分。如前所述，它不只是仅供皇帝游猎的禁苑，还在都城安全、用水、航运等方面发挥着重要作用，同时也承担着都城的一些政务性活动。

东汉洛阳城亦置上林苑，位于都城以西，西接新安县。皇帝设"上林苑令"管理上林苑工作。这里的上林苑主要是用于驯养禽兽。汉洛阳城上林苑的规模亦十分宏大。可见，后者从名称、与都城相对的位置、规模等和汉长安城上林苑基本相同。不过，其功能与重要性已远不如长安的上林苑。东汉王朝在洛阳城内外还建了其他一些苑囿，如芳林苑、西苑、鸿德苑、显杨苑、罼圭苑等，但规模与上林苑不可同日而语。

曹魏邺城规模较小，但其在宫殿区西部建立了大面积的铜爵园。园之西边又构筑了高大的"三台"，即铜雀台、金虎台和冰井台。铜爵园及"三台"成了邺北城宫殿区西部的重要安全屏障。此外，在邺北城东、西又分别修建了芳林园和玄武苑。石虎统治期间，在邺北城东、西、北三面各筑苑墙数十里。这里的华林园、桑梓园等也不应视为仅供皇帝游乐之所，其防卫功能亦是显而易见的。

邺南城兴建后，邺北城还在使用。邺南城南部的清风园、华林园和城西的游豫园，也起到了加强都城安全的作用。

隋大兴城、唐长安城的宫殿区均在都城北部，皇家禁苑则将都城北、东北、西北部全部包围。苑城东西"二十七里、南北二十三里，周一百二十里。苑内设离宫亭观二十四所"[13]。

隋王朝筑洛阳城，城西建会通苑，又称上林苑，取自西汉上林苑之名。其规模庞大，周长二百二十九里。东接洛阳城，西至新安县，可能有不少地方为东汉洛阳城上林苑故址。苑内有十一宫、十六院，有池周十余里。池中造蓬莱、方丈、瀛洲诸山，山上建殿阁。唐武德初年，改名芳华苑。武后更名神都苑，唐代又称东都苑。

　　宋开封城于其西门（新郑门）外置琼林苑和金明池，作为都城之外的皇室池苑。元明两代都城附近不再设苑囿，清王朝所建圆明园和颐和园虽有池苑性质，但更主要是作为都城离宫使用。

　　从上述情况可以看出，汉长安城上林苑对后代影响是深远的。东汉洛阳城、隋洛阳城的都城主要苑囿仍名上林苑，其与都城所处相对方位亦与汉长安城和上林苑相对位置相近。邺北城和邺南城城外苑囿、唐长安城禁苑，亦承袭了汉长安城上林苑既为游乐场所又是都城和宫城安全屏障的特点。

注　释

[1]《秦汉瓦当文字》卷一。

[2]《小校经阁金文》卷十一。

[3]《汉金文录》卷三、《苏盦杂志》卷三。

[4]《汉书·武帝纪》、《汉书·昭帝纪》，中华书局 1962 年版。

[5] 姚生民《汉甘泉宫遗址勘察记》，《考古与文物》1980 年第 2 期。

[6]《金石索》，《石索》卷六、《金索》卷六。

[7]《三辅黄图》。

[8] 张衡《西京赋》，《文选》。

[9] 胡谦盈《汉昆明池及其有关遗存踏察记》，《考古与文物》1980 年创刊号。

[10] 汤池《西汉石雕牵牛织女辨》，《文物》1979 年第 2 期。

[11] 孙铁山《西汉黄山宫考》，《文博》1999 年第 1 期。

[12] 陕西省文保中心兆伦铸钱遗址调查组《陕西户县兆伦汉代铸钱遗址调查报告》，《文博》1998 年第 3 期。

[13] 徐松《唐两京城坊考》第 27～32 页，中华书局 1985 年版。

九 汉长安城附近的诸陵邑

（一）诸陵邑的考察

秦汉时期形成了多民族的统一的封建大帝国，其首都也成为举世闻名的大都会。作为西汉政治、经济、文化中心的长安城，其城市建设采取了"中心城市"——长安城分阶段建设，周边诸陵邑逐渐形成的发展模式。

所谓长安城的分阶段建设可概括为三个阶段，即西汉初年高祖、惠帝时期的都城初建阶段，武帝时期的都城扩建阶段，王莽时期的都城"完整"化阶段。诸陵邑与长安城的发展，几乎是同步发展的。与西汉王朝徙民政策也是密切相关的。

长安城附近的诸陵邑，即长陵邑、安陵邑、霸陵邑、阳陵邑、茂陵邑、平陵邑和杜陵邑。此外，还有昌陵邑、云陵邑、南陵邑、少陵邑等。

长陵邑是汉高祖刘邦和吕后长陵的陵邑。《汉书·地理志》记载：长陵邑，高祖时设置。但陵邑的城垣修建则晚至高后六年（公元前182年）。陵邑位于今咸阳渭城区韩家湾乡怡魏村，长陵在其南。陵邑城址的南、北、西三面城墙在地面之上仍保留了一些遗迹，但未发现东墙。看来《长安志》卷十三引《关中记》所载的长陵城"东面无城"之说似可信。据最近调查钻探发现，长陵邑东面有壕沟遗迹，这也可能是其不筑东墙的原因[1]。长陵邑城址平面为长方形，南北 2200、东西 1245、墙宽 7～9 米。城墙夯筑，地面之上城墙保存最高处达 60 米。长陵邑南、北、西三面城垣各辟一门，南北二城门相对，西城门辟于西城墙南北居中位置。陵邑内分布有大量汉代建筑遗址，说明当时城内人口十分密集。而《汉书·地理志》记载长陵邑人口有 50057 户、179469 人。陵邑中的居民主要是西汉初年从东方齐国和南方楚国故地迁来的贵族。长陵邑附近出土的具有齐地风格的"树木双兽纹"半瓦当，可能就是齐国田氏贵族后裔徙居建筑的遗物。西汉丞相田蚡、车千秋，东汉达官第五伦等，均出自齐地诸田家族。

安陵邑，惠帝时置，位于安陵以北 900 米，在今咸阳渭城区韩家湾乡白庙村。城址平面为不规则长方形，另一倒凸字形，其北部东西 1586、南北 500 米，南部东西 940、南北 235 米[2]。城址的东墙和北墙中央辟城门，门址附近曾发现当面涂朱的云纹瓦当。传世的"安邑瑚柱"文字瓦当，可能即出于安陵邑。"安邑"即安陵邑简称。安陵邑又称"女啁陵"，《长安志》卷十三引《关中引》记载："徙关东倡优乐人五千户以为陵邑。善为啁戏，故俗称女啁陵也"。

公元前 171 年，文帝建霸陵邑，其地南距霸陵十里，在今灞河东岸的西安市东郊田王村一带。阳陵邑为故弋阳之地，汉景帝更名。陵邑位于阳陵以东，约在今高陵马家湾乡一带。有关霸陵邑和阳陵邑的详细情况，尚待有关田野考古工作的进一步开展。

茂陵邑是汉长安城诸陵邑中人口最多、地位最为重要的城市。茂陵邑在茂陵以东 1 公里，即今兴平南位乡道常村东窑匠沟以西、白鹤馆遗址以东、渭惠渠以北、茂陵东司马道以南。

陵邑范围东西 1500、南北 700 米。茂陵邑有 61087 户、277277 人，人口数量超过都城长安。其不但人口众多，且不少系豪富官宦。汉武帝在世时，曾三次徙民于茂陵邑，所徙居民为全国各地的豪强、官吏和家产三百万以上的家族。

平陵邑为昭帝时置，位于平陵以东，今咸阳秦都区北上照村以西、渭惠渠以北、庞村以南。陵邑范围长、宽各约1500～2000 米。平陵邑可谓人杰地灵。西汉晚期元、成、哀、平四位皇帝时，出自平陵邑的丞相就有魏相、王嘉、平当和平晏四位。平陵邑学者云集，汉代著名文人和学者韦贤、朱云、张山拊、郑宽中、涂恽、士孙张、吴章等，均家居于此。东汉大儒鲁恭、鲁丕、苏竟、窦武、何敞等，也出自平陵邑。

杜陵邑，宣帝时置，位于杜陵西北五里，在今西安市雁塔区曲江乡三兆村北。城址东西 2100、南北 500 米。由于杜陵邑是西汉一代最后一座正式设置的陵邑，随帝徙居杜陵邑的千万家官宦在此"落叶生根"。因此，这座城市拥有大批名人学士。《汉书》中有传者，家居杜陵邑的有御史大夫张汤、大司马张安世、历位九卿的张延寿、右将军苏建、典属国苏武、丞相朱博，御史大夫杜周、杜延平，丞相韦贤、韦玄成，后将军赵充国、太守韩延寿、御史大夫萧望之、执金吾萧育、大司农萧咸、太守萧由、右将军冯奉世、大鸿胪冯野王、太守冯逡、右将军史丹、丞相王商等。他们之中不少人身为朝廷重要官员，但家仍在杜陵邑。如萧望之，"多使守史自给车马，之杜陵护视家事"[3]。

上述七座陵邑中，长陵邑和茂陵邑的人口数量《汉书·地理志》有记载。《文献通考》卷一二四引《汉旧仪》载：茂陵、平陵和杜陵"皆三万至五万户"。又载："惠帝安陵、文帝霸陵、景帝阳陵邑各万户，徙民与长陵等。"后者所指安陵邑、霸陵邑和阳陵邑人口户数当为"徙民"户数，实际人口当然要比这个数字大得多。至于平陵邑和杜陵邑人口数字，约在15万人。

从上述诸陵与相关帝陵所处方位来看，陵邑一般坐落在陵东或北部，这实际是把帝陵和陵邑组成的陵区视为都城，即"若都邑"。帝陵及陵园似皇宫，陵邑则如郭城之内的"甲第"、"甲宅"（或称"北第"、"东第"）。

（二）诸陵邑的作用

在帝王陵墓附近设置陵邑始于秦始皇，当时主要是为建造陵墓服务。汉承秦制，西汉初年也设置了长陵邑。虽然陵邑仍以"供奉陵园"为重要任务，但还有着更深层次的意义。

秦汉之际，长期的战争使关中地区的经济受到严重影响，又使各地地方势力崛起。西汉王朝建立伊始，面对上述严重的问题，采取的重要措施之一就是迁徙关东大族、达官巨富于京畿之地和帝陵陵邑。这在一定程度上消除了各地的不安定因素，巩固了中央集权统治。西汉初期的长陵邑和安陵邑的居民，以迁徙的关东大族为主，是中央政府加强对关东地区政治控制的手段。西汉中期诸陵邑的居民，则以迁徙高赀富人、豪强兼并之家为主，是朝廷为了繁荣京畿地区经济，保证在经济上控制全国，分化、瓦解地方上的高赀富人和豪强兼并势力采取的重要措施。这些人迁徙到关中地区后，为了攀附皇室，争相要求徙居陵邑。这从政治上笼络了一批人，又从经济上增加了关中地区的实力。各地徙民落户诸陵邑，也改变了当地人口的政治、经济、文化素质。西汉一代诸陵邑出现了许多著名政治家、文人、豪富，如以丞相车千秋、韦贤、平当、魏相、王嘉、黄霸和王商，御史大夫张汤、杜周，将军萧望之、冯奉世、史丹等为代表的政治家，其号称"七相五公"。此外，还有权倾朝野的佞幸宠臣籍孺、闳孺等，史学家司马迁、哲学家董仲舒、文学家司马相如等，以及家资巨万的长陵田氏、安陵杜氏、茂陵挚纲、平陵如氏、杜陵樊嘉等。

诸陵邑作为长安的卫星城各有特色，如安陵邑多艺人，平陵邑多文人，杜陵邑多达官，茂陵邑多豪富。诸陵邑的人口构成，因当时的历史背景不同，而有所区别。如西汉初期的长陵邑和安陵邑中的居民以关东大族为主；西汉中期诸陵邑则多以吏二千石以上、高赀富人、豪强兼并之家为主。在当时的交通与通讯条件下，皇帝把"丞相、将军、列侯、吏二千石"者迁徙到陵邑之中落户，是中央集权、强化统一国家的重要措施。从这一点而言，西汉一代诸陵邑在维护统一国家的政治稳定方面起着积极的作用。对此，班固在《西都赋》中有着精辟的描述："南望杜霸，北眺五陵，名都对郭，邑居相丞，英俊之域，绂冕所兴，冠盖如云，七相五公，与乎州郡之豪杰，五都之货列，三选七迁，充奉陵邑，盖以强干弱枝，降上都而观万国"。

（三）诸陵邑的管理

诸陵邑相当于"县"级单位，但又不同于普通的县。西汉初期和中期，诸陵邑直属朝廷"九卿"的"太常"管辖。汉元帝时决定停止为新的帝陵置邑徙民后，才将原来的诸陵下放三辅管辖。

陵邑如县，亦设县令。西汉诸陵邑的县令，其社会名望、政治地位远远高于一般县令，如长陵令义纵、何并，霸陵令董贤，阳陵令段颖，茂陵令萧育，平陵令严延年、朱博，杜陵令朱云等。《汉书·百官公卿表》记载，一般县令"秩千石至六百石"，而长陵令竟秩二千石，其薪俸如太子太傅至右扶风。陵邑的令之属官亦有丞和尉。御史大夫张汤曾充任茂陵尉。

注　释

［1］孙铁山《关于西汉安陵的新发现》，《考古与文物》2002 年第 4 期。

［2］陕西省考古研究所《西汉安陵调查简报》，《考古与文物》2002 年第 4 期。

［3］《汉书·萧望之传》，中华书局 1962 年版。

一〇 汉长安城的考古学研究

（一）定都长安

西汉王朝建立后，在洛阳就定都问题进行了激烈辩论。当时主要有两种意见：一是主张建都于洛阳，另一是主张定都关中。前者以追随刘邦打天下的群臣为代表，其祖籍均为关东；后者以娄敬为代表，张良积极支持。他们分析了关中的地理环境和当时国家军事形势，提出关中地区"被山带河，四塞以为固，卒然有急，百万之众可具"。关中又是"资甚美膏腴之地，此所谓天府"。这里"搤天下之亢而拊其背"，进可攻，退可守[1]。刘邦采纳了定都关中的意见。

长安曾为周秦故都之地。长安城的建设突出考虑了城市水源和都城安全两个方面。长安城北有渭水自西向东流过，南部有六条发源于秦岭的河流，自南向北流入渭河。加之渭河以北的泾河，形成了"八水绕长安"的地理形势，使长安城水源的供应有了充足的保证。

都城需要充足的水源保证，要靠近提供水源的河流，这就是所谓"近水"。但河水泛滥对人类而言又是难以抗拒的灾害。因此，都城的建设又要选在高差较大的"高亢"之处，在确保满足水源供应的同时，也可以免受水患之害。纵观长安城所在地及城内各种建筑的安排，恰好适应了这种要求。长安城全城地势是西南高、东北低，以西南部为最高。城内各种建筑的安排是皇宫——未央宫在长安城西南隅，太后之宫——长乐宫在长安城东南隅，后妃之宫——桂宫、北宫在长安城中部，市场、手工业作坊和百姓生活区则在长安城北部。根据历史文献记载，渭河洪水泛滥时，人们是从城北向城南逃避，这样可使都城宫殿区远离水患之害。

都城选在"高亢"之地，都城之中的宫城或宫殿区又位于都城之内的制高点，这不只是防止水患的需要，还有着多种因素。从安全上讲，地形、地势在冷兵器为主的古代军事中尤为重要，选择制高点是基本的要求。从心理上说，都城是国家的政治、文化中心，宫城又是都城的政治中枢。都城处于周围环境的"高亢之处"，宫城位于都城最高处，大朝正殿地处宫城制高点，这使得最高统治者有"君临天下"之感。

作为一个新的王朝，在取得辉煌军事成功之后，定都开始新的统治，从"攻"变为"守"，都城所在地防御功能的自然地理条件是统治者十分重视的问题。将长安城作为西汉王朝的都城，正是考虑到关中地区的特殊地理位置和自然地理形势。关中东有函谷关、西有大散关、南有武关、北有萧关，极便于防守。

从发展方面考虑，西汉王朝继秦而立，其统治者意识到秦代疆土东、南已临大海，北为茫茫草原，西部则广阔无垠，定都关中将为西部的开发奠定重要的条件。事实也证明，西汉一代的对外开发在西域和西南夷投入的力量最大。政治、经济、文化和军事中心设在长安是正确的。

以长安为首都，还与西汉王朝"开发"的基本国策是统一的。当时的中国对外文化交流是以中亚、西亚为主，定都长安为形成以后汉唐中西文化交流的盛世,奠定了良好的地缘优势。

定都关中还注意到了经济问题。黄河中游的关中地区,当时曾是全国的经济发达地区,"号称陆海,为九州膏腴",有良好的水利灌溉工程,所谓"沃野千里",又有"天府"之美名。这里是农神后稷的故乡,当地人民"有先王遗风,好稼穑,务本业"。对于"重本抑末"的西汉王朝统治者来说,这些都是十分重要的。由于有着适宜的气候、众多的河流、繁密的池泽、肥沃的土地,此处被列为全国九等土地中的第一等。

必要的充足的劳动力是社会发展的基本条件,当时关中地区人口约占全国人口的1/3,这为都城提供了最宝贵的人力资源。

从史前社会到周秦王朝,数千年的历史发展,使关中地区有着深厚的文化积淀。尤其是秦王朝以关中为基地,开创的多民族统一王朝的中央集权统治,在政治上给这一地区以巨大影响。这是"汉承秦制"的西汉王朝统治者所最为重视的。

(二)"崇方"

"崇方"思想在汉长安城得到体现。长安城东西城墙平直,南北城墙曲折,北城墙与渭河河道走向平行,南城墙因迁就长乐宫和未央宫而形成南城墙中部外凸。但从大的方面来看,仍可视为近方形。至于长安城的皇宫——未央宫,其规划的方形宫城是十分清楚的。"崇方"思想和作法,在中国古代城市发展史上源远流长。在目前发现的史前城址中,不少黄河中下游地区的城址平面为方形,如山东滕州西康留城址平面长195、宽185米,近方形;丁公城址平面呈方形,边长400米。上述二城址的四个城角皆为圆角。山东边线王小城平面为方形,边长 100 米；边线王大城亦为方形，边长 240 米。淮阳平粮台城址平面为方形，边长 185 米；登封王城岗西城址呈方形，边长 92 米；辉县孟庄城址为方形，边长 400 米。属于夏代都城的二里头遗址，虽然城址还未究明，但作为重要建筑的第一号宫殿建筑遗址，很可能是这座都城中的一座宫城。其平面近方形，边长约 100 米。继夏代都城二里头遗址之后的商代都城偃师商城之宫城，平面亦为方形，边长 200 米。前不久刚刚发现的安阳洹北商城，平面近方形，边长约 2000 米。周代都城以东周列国都城开展考古工作较多，不少考古资料都可反映出当时人们在都城（残宫城）建设上的"崇方"观念。如山东曲阜鲁国故城中的宫城，东西 550、南北 500 米；楚国纪南城中的宫城东西约 690、南北约 750 米；魏国都城安邑城中之宫城东西 855、南北 930 米；赵国首都邯郸的赵王城，西城是其主要宫殿区，东西 1422～1426、南北 1372～1394 米。从以上材料可以看出，史前时期的城址和先秦时代都城之宫城，其平面皆为方形或近方形。也就是说，"崇方"首先从宫城开始。宫城是"崇方"设计的重点。上述黄河中下游史前城址的方形平面又提示人们，龙山文化晚期（或上限可到中期）城址的，实际的性质为宫城性质。另一方面，其他地区这一时期的城址平面有圆形、椭圆形、不规则形等，恰好说明它们在古代城市发展史上与黄河中下游地区同时期的城址有所不同。

基于史前和先秦时期方形城址（含宫城）的流行，成书于战国时期的《周礼·考工记》所记载的城之方形平面形状已达极至。其载："匠人营国，方九里。"公的城方七里，侯伯的城方五里，子男的城方三里。王城中的宫城，郑玄认为"方各百步"，即所谓"一夫"。

　　作为都城的汉长安城"崇方"之特点，在汉代地方城市建置中也有反映。诸侯王国"制同京师"，其都城多为方形，如胶西国的高密城、济北王国的卢城、南越王国的番禺城等。郡治的县城亦多为方形城制，如定襄郡成乐城、辽西郡且虑城、南阳郡宛城、济南郡东平陵城、西海郡修远城等。已经考古调查发现的汉代县城遗址，方形平面者多达数十座，如新安平城、高显城、武次城、文县城、柳城、延陵城、徒河城、狐苏城、东沓城、白狼城、广城、絫城、潘县城、章武城、广阳城、东平舒城、雍奴城、新丰城、成纪城、临羌城、新汲城、西峡城、召陵城、亢父城、昌国城、索县城、长平城等。西汉一代不仅诸侯王国都城（或首县）、郡治县城和一般县城城址平面多为方形，就是北方边陲的许多军事性边城亦多为方形，如内蒙古西北部发现的巴音诺洛城、苏亥城、阿尔乎热城、沃博尔乎热城、朝鲁库伦城、青库伦城等。其城址平面均为方形，边长约450～500米。这些城址时代相近，皆应为西汉中期以前由国家统一修筑的。这从另一方面又反映出，城址均为方形平面是精心设计的，而其设计的指导思想应该是由当时官方认可的，或称官式的设计方案。设计的实践依据当为都城长安，设计的理论可归结于"崇方"思想[2]。

　　长安城及其宫城——未央宫的方形平面形制，对西汉一代各类重要皇室建筑也产生了重要影响，如汉长安城南郊的宗庙建筑遗址群。其十一座宗庙围成的大院，边长1400米，平面为方形。大院中的十一座宗庙各有的一小院及院内的宗庙主体建筑之平面皆为方形。大院南边的第十二号宗庙的院子和宗庙主体建筑平面亦皆为方形。官稷遗址的两重相套的大、小院之平面，明堂（辟雍）遗址中心建筑及其外之院子平面亦都是方形。

汉代视死如生，帝王造陵寝若都邑。西汉帝陵陵园平面一般为方形，如汉高祖和吕后的长陵陵园边长 780 米。自汉景帝至汉平帝，帝陵与后陵陵园平面均为方形，前者边长 410～430 米；后者规模较小，一般边长 330 米。帝陵与后陵的陵墓封土的底部和顶部平面一般为方形。因此，又称帝陵封土为"方上"。相对"方上"而言，帝陵墓室平面亦为方形，故称"方中"[3]。西汉帝陵的"崇方"观念，可能也受到先秦时期陵寝建筑的方形平面之影响，如河北平山中山国王陵出土的"兆域图"。其享堂共五个，王堂、哀后堂和王后堂各方二百尺，夫人堂和另一堂各方一百五十尺。已发掘的中山王陵的 1、6 号墓，椁室均为方形[4]。河南辉县固围村魏国王室墓地三座墓上的三座享堂平面均为方形，边长分别为 18、19 和 27.5 米[5]。

汉长安城和未央宫平面所表现的"崇方"思想，对后代影响也是相当深远的。如汉魏洛阳城明堂院落东西 386、南北 400 米，明堂主体建筑平面东西 63、南北 64 米。灵台院落东西 200、南北 220 米，主体建筑边长 50 米。可见汉魏时期都城皇室一些礼制建筑的平面仍为方形。降及辽元时期的辽中京宫城平面边长 1000 米，元上都的外城、内城和宫城平面皆为方形，边长分别为 2200、1400、570～620 米。

（三）"择中"

汉长安城的"择中"观念主要体现在都城的皇宫——未央宫，以及都城的重要礼制建筑，如宗庙、明堂（辟雍）、官稷和帝陵陵园的规划建设中。

　　都城建设的"择中"观念，像"崇方"一样有着久远的历史，并不是西汉时刚刚出现的。如河南偃师二里头遗址的宫殿区基本位于遗址中心区，宫殿区中的第一、二号宫殿建筑遗址，其宫殿殿堂基本位于院子东西居中位置。偃师商城的宫城虽不位于小城（即早期郭城）中央，而是略微偏南一些，但宫城若以南北方向为轴线来看，其在小城的东西方位上仍然处于居中位置。曲阜鲁故城的宫城在今周公庙一带，约位于鲁城中部。郑韩故城的宫城位于西城北部东西居中位置，宫城之主体宫殿又在宫城北部东西居中位置。燕下都的主要宫殿建筑集中于东城中部。赵邯郸故城的王城之西城为宫城，西城之内东西居中位置有多座大型宫殿南北排列。

　　汉长安城未央宫的"择中"观念，对后代都城的建设也多有影响。东汉洛阳城南郊的辟雍、明堂、灵台的主体建筑均位于各自院落的中央。曹魏邺城的外朝文昌殿，在宫城西区东西居中位置。隋大兴城、唐长安城的宫城在都城东西居中位置，大朝正殿太极殿在宫城中央。降及北宋开封城、元大都、明清北京城等，其大朝正殿亦均位于各自宫城内东西居中位置。这里我们注意到，这种"择中"观念往往不是居宫城中央，而是宫城内的"东西居中"位置。就南北而言，宫殿建筑地位高低往往表现在"前"或"后"（即"南"或"北"）。就东西而言，则以"中"为贵。

（四）"轴线"

　　轴线是中国古代建筑布局核心问题，大到都城，小到一座宫殿，无不体现出建筑物的轴线存在。轴线在此不仅仅是建筑技术问题，还有着更深层次的社会意义。

关于汉长安城的轴线问题。目前学术界基本可分为两种观点：

第一种观点认为，长安城轴线应在都城东西居中位置，即长安城安门大街，长乐宫和未央宫对称分别位于安门大街东西两侧。市场（东市和西市）在安门大街以西；里居在安门大街以东。另有人认为，作为长安城轴线的安门大街，向南延伸至终南山子午口，向北延伸至汉高祖长陵，再向北至三原县嵯峨乡天井村汉代天齐公祠遗址。这条超长基线南北长 74 公里。其认为"从广义上讲，都城（汉长安城）外的有关建筑也应归入城市范围，如城西建章宫、供水系统的昆明池工程等"。"安门作为汉长安城的点位是我们主观指定的，若将点位北移至长安城东西两宫中间，则全部段落长度将更合于比例"，而且"在秦汉堪舆学中，武库所在地一直很受重视，此点作为长安城基点的可能性是很大的"[6]。但需指出，如若这样安门大街作为长安城的轴线则无法成立。况且都城轴线不是市场和里居区域的分隔线，也不是作为不同时期、不同性质建筑的未央宫和长乐宫的区分界线。

第二种观点认为，萧何营建长安城的设计中已有轴线思想。但目前还没有发现相关文献记载，也没有有关都城长安轴线设计的图像或文字资料的遗物出土。为此，我们只能从已知去推测未知。明清北京城、元大都、北宋开封城、隋唐大兴城、长安城和隋唐洛阳城、北魏洛阳城等，其都城轴线明确。这些都城轴线的共同特点是都城的轴线要穿过郭城、内城（或皇城）、宫城正门（南门）。宫城中的大朝正殿位于这条南北线上，都城的宗庙、社稷分布在轴线左右。从中国古代都城发展史来看，都城越到晚期，轴线越在都城东西居中位置，中古时代及其以前则未必居中，如隋唐洛阳城的轴线显然在都城偏西部位。因此，探讨汉长安城轴线时，首要考虑的因素不是居中问题，也不是轴线左右的皇宫——未央宫与太后之宫——长乐宫的对称问题，而必须要求轴线与大朝正殿——前殿基本相对。都城轴线既要穿过宫门，又要穿过城门，都城的宗庙和社稷要分布在轴线左右等。而符合上述主要条件的是未央宫南北宫门之间的南北路。此路向南至西安门，由西安门再向南发展。其东有宗庙遗址，西有社稷遗址。大朝正殿——前殿基本在这条南北路旁（近似相对）。这条路出未央宫北宫门与横门大街南北相接，向北通至横门。横门以南有长安城的东市和西市。这条由横门向南至未央宫北宫门、南宫门和西安门，再向南延伸到长安城南郊礼制建筑群，形成的一条南北路线，应为长安城的轴线。这条轴线与汉代以后中国历代都城轴线的基本特点一致。其反映出都城轴线由宫城轴线延长线形成，宫城轴线是都城轴线一部分。至于有的都城属于大城与小城相连，如赵都邯郸城、齐都临淄城等，其大城与小城的轴线虽然不可能重合，但二者的轴线方向仍应是一致的。如果把建章宫作为长安城一部分考虑，以连接未央宫南、北宫门之间的南北路的宫城轴线向南北分别延伸至西安门和横门，这条道路实际作为长安城的都城轴线也可理解为居中，即未央宫东西分列长乐宫和建章宫。

（五）"面朝后市"

所谓"朝"即朝政宫殿，"市"即市场。汉长安城的"朝"

以未央宫中的前殿为代表，都城之内的市主要是东市和西市。未央宫（包括前殿）与东市、西市皆筑于西汉初年的高祖和惠帝时期，应属于同一时期统一规划的都城重大建设项目。未央宫和东市、西市分别位于长安城的西南和西北部，宫城和市场则形成南北排列。由于未央宫大朝正殿坐北朝南，南为前，北为后，故形成了文献记载中的"面朝后市"布局。

"面朝后市"布局在先秦时期都城中已存在，如河南偃师商城的宫城位于都城南部，都城北部曾发现大量手工业作坊遗址。上古时代，工商密切相关。都城的市场很可能与手工业作坊遗址相距不远，甚至在同一处。若此推断不误的话，偃师商城的市场应位于宫城以北的都城中北部。

属于东周时期的曲阜鲁城，在宫城北部的盛果寺村南有大面积同时期的手工业作坊遗址。考虑到当时工商相连，这里有可能为鲁城的市场所在[7]。对于这一论断还可从历史文献记载找到依据。《春秋左传集解》载："夫人姜氏归于齐，大归也。将行，哭而过市曰：'天乎，仲为不道，杀嫡立庶。'市人皆哭，鲁人谓之哀姜。"姜氏由鲁归齐，即由南返北，当走宫城北门，再过市，则市当在宫城之北。

东周王城西南部，即今瞿家屯一带为王城宫殿建筑区。王城北部分布有大量手工业作坊遗址，市场或在其附近。

春秋战国时期的秦雍城的市场遗址在北城垣南 300 米，即今凤翔棉织厂、翟家寺一带，基本位于都城北部。市场周筑围墙，平面长方形，东西长 180、南北宽 160 米。雍城的朝寝建筑遗址在其南侧[8]。

战国时期的齐临淄城和赵邯郸城均为小城（宫城）在西南、大城在东北，市场在大城之内，这种方位配置也可理解为

"面朝后市"的布局。

汉长安城继承了先秦都城"面朝后市"格局，同时也对后代都城建设布局产生了一定影响。东汉洛阳城之中有南宫和北宫，但在汉明帝永平三年（公元60年）营建北宫之前，作为皇宫使用的一直是南宫。光武帝定都洛阳伊始，就住在南宫却非殿，建武十四年（公元38年）还在南宫建成前殿，即大朝正殿。洛阳城中的金市，系文献所说的"大市"，即都城中主要的市。"金市"位于南宫西北部，因而《闲居赋》中称洛阳城的南宫和金市为"面郊后市"。从北魏洛阳城开始，至明清北京城（除元大都仍为"面朝后市"外），市从在宫城之北变为在宫城之南，都城中的"面朝后市"格局已经改变。

（六）"左祖右社"

据文献记载，"左祖右社"制度西周时期已存在。《周礼·春官》载："小宗伯之职，掌建国之神位，右社稷、左宗庙。"从考古资料来看，属于宗庙、社稷之类的礼制建筑出现的时间还要更早。20世纪30年代，中央研究院历史语言研究所在河南安阳殷墟遗址进行大规模考古发掘，于小屯村东北发现了大面积的商代宫殿宗庙类建筑遗址。根据对考古资料的系统整理和综合研究，石璋如先生认为[9]，在这片南北350、东西100米的遗址范围内，由北向南分布有甲、乙、丙三组建筑群。三者虽均为殷墟时代建筑，但彼此之间还有早晚不同，由北向南呈现从早到晚的特点。三者的建筑性质也各不相同。甲组为宫殿朝寝类建筑，乙组为宗庙类建筑，丙组则以坛类建筑为主，也有学者认为就是社稷类建筑。就目前已发掘的材料来看，三

组建筑中以乙组规模最大，其遗址范围南北 200、东西 100
米；甲组规模居中，其遗址范围南北 100、东西 90 米；丙组
规模最小，其遗址范围南北 90、东西 35 米。在殷墟的三组建
筑中，还有两点值得特别注意。第一，三组建筑中各自均有一
些对称分布的建筑。它们往往是东西并列，如甲组的甲十二和
甲十三，乙组的乙七和乙八，丙组的丙三和丙四、丙五和丙六
等。第二，丙组中的丙一、丙三和丙四，平面为方形，学者一
般认为这是坛类建筑。根据上述发现和研究成果似可推断商代
已经有宗庙与其他礼制建筑（或可谓社）。据河南偃师商城和
二里头遗址中的考古发掘资料，虽然可以认为夏和商代都城之
中已有朝政宫殿与宗庙之分，但目前还未能确指非宗庙类的礼
制建筑。汉长安城南郊发现的宗庙、社稷建筑遗址，是目前所
知反映"左祖右社"制度的较早、较完整的考古资料。有的学
者认为，汉长安城的"左祖右社"形成于西汉晚期。其根据是
20 世纪 50 年代发掘的宗庙遗址，系王莽时营建。我们认为，
汉长安城中的宗庙——高祖庙、惠帝庙早在西汉初期即已营
建。高祖庙在武库以南、安门大街以东、安门之内，惠帝庙应
在高庙附近。至于官社建筑，文献记载和考古发掘都表明，其
始建于秦或汉初，西汉中期重修扩建，到西汉末年废弃。由此
可见，西汉初年汉长安城的"祖"、"社"已经营建。相对宫
城——未央宫而言，已形成"左祖右社"的格局。

根据目前获得的考古资料分析，汉长安城的"左祖右社"
格局，可能是受到了秦都咸阳城的"祖"、"社"格局影响。汉
长安城的汉初之"社"，可能就是在秦咸阳城的"社"之基础
上建成，也就是《三辅黄图》记载的"汉初除秦社稷，立汉社
稷"。

秦先王的一部分宗庙在咸阳城对面的渭河南岸。据文献记载，秦昭王庙在樗里疾墓东邻。而《史记·樗里子列传》记载，樗里疾之墓就在汉长安城武库之下。武库在未央宫以东。据上所述可以看出，秦王朝的社和庙（至少诸庙之一部分）营建于渭河南岸。秦咸阳城的宫城在今咸阳市渭城区窑店镇牛羊村一带。宫城南边已勘探出南北向大道，直抵渭河，与汉长安城横门、未央宫前殿遗址南北相对。未央宫前殿即秦章台故址。章台曾是秦王在渭南的大朝正殿。秦咸阳城宫城与章台间南北线应为秦都咸阳轴线。此轴线由章台向南延伸，秦"社"在其西，居"右"位。秦昭王庙（或可能还有渭南诸庙中的其他庙）在轴线以东，居"左"位。汉长安城的"左祖右社"很可能受到了秦都咸阳的上述布局之影响。

汉长安城的祖、社在宫城和都城南部，但祖、社的左右方位是以宫城为基点的。汉代以后，祖、社虽仍在宫城以南，但已从都城之外移至都城之中的内城或皇城之中，如北魏洛阳城的宗庙和社稷位于内城之中、宫城之南，分列铜驼街东西两侧。又如隋大兴城、唐长安城的太社和太庙均位于宫城南部、皇城之中的西南部与东南部，形成"左祖右社"格局。这种布局制度为以后历代王朝沿袭。

宫殿与宗庙的分别营筑、宗庙从宫城中的移出，反映了王权对神权、宗族权的胜利。这导致在都城建设中宗庙、宫殿营建顺序的变化。《礼记·曲礼》记："君子将营宫室，宗庙为先，厩库为次，居室为后。"其实早在商代情况已非如此，如殷墟的宫殿、宗庙建筑区内，作为宫室的甲区时代最早，属于宗庙与祭坛类建筑的乙区和丙区时代略晚，后二者时代上限没有超过甲区的。至于西汉时期，高祖登基伊始，亦是先建宫殿、武库、太仓等重要建筑，宗庙的营筑则是稍后的事。

注　释

[1]《汉书·娄敬传》，中华书局 1962 年版。

[2] 刘庆柱《汉代城址的发现与研究》，《远望集》，陕西人民美术出版社 1987 年版。

[3] 刘庆柱、李毓芳《西汉十一陵》，陕西人民出版社 1987 年版。

[4] 河北省文物研究所《𪔂墓——战国中山国国王之墓》，文物出版社 1995 年版。

[5] 中国科学院考古研究所《辉县发掘报告》，科学出版社 1956 年版。

[6] 秦其明等《陕西发现以汉长安城为中心的西汉南北向超长建筑基线》，《文物》1995 年第 3 期。

[7] 山东省文物考古研究所等《曲阜鲁国故城》，齐鲁书社 1982 年版。

[8] 尚志儒《秦都八迁与布局结构之探讨》，《周秦文化研究》第 557 页，陕西人民出版社 1998 年版。

[9] 中国社会科学院考古研究所《殷墟的发现与研究》第 51～69 页，科学出版社 1994 年版。

结束语

　　汉长安城遗址的考古工作已开展了半个多世纪，本书关于汉长安城遗址的考古发现与研究只能说是个初步成果。随着今后考古工作的进一步开展，对汉长安城的认识和研究将会更加深入。汉长安城遗址考古研究是个系统的、重大的科学工程，它为我们探讨都城考古学的方法和理论提供了丰富而宝贵的资料。现在我们明确了都城考古学的基本要素，如城墙、城门、城壕、道路和给水排水工程等城市基本公共设施；皇室和中央政府机构的各类宫殿、官署、仓库、礼制建筑和文化性建筑；手工业遗址、市场和里居；离宫和陵区等等。这些是都城考古学的载体，是都城考古学的基本内容。

　　适应都城考古学庞大的内容，我们认为应该有相应的考古学方法，即大型都城遗址考古工作要自始至终贯彻宏观与微观相结合的原则。宏观可理解为都城的地理环境、平面形制、布局结构等；微观可视为都城中的某一具体的遗迹或遗物。目前都城考古学中尤其要加强对宏观方面重要性的认识。都城考古工作中要注意全面调查、勘探与重点发掘相结合。都城考古学研究的实施，掌握好工作的切入点至关重要。根据我们的实践经验，在基本解决了都城布局形制的前提下，切入点应从宫城、宫殿、宗庙等国家政权的集中体现物着手。都城考古工作逐渐由政治性载体向文化性、经济性载体展开，由内向外、由中心向周边展开。这要求都城考古工作规划要有长期性，具体实施要有阶段性，并应注意克服考古工作中的盲目性。都城考古学涉及多学科、多领域。广泛应用现代科学技术是都城考古学进一步科学化、现代化的要求。

　　作为中国古代仅有的几座特大型都城遗址之一，汉长安城遗址的考古工作将会是长时期的，需要几代人不懈努力去完成。随着汉长安城遗址考古工作的深入开展，必将对西汉都城的考古学文化、汉代历史和汉文化产生更加深刻、全面的认识。

参 考 文 献

（一） 图 书

1. 中国社会科学院考古研究所《新中国的考古发现与研究》，文物出版社 1984 年版。

2. 武伯纶《西安历史述略》，陕西人民出版社 1984 年版。

3. 刘庆柱、李毓芳《西汉十一陵》，陕西人民出版社 1987 年版。

4. 中国社会科学院考古研究所《汉长安城未央宫》（1980～1989 年考古发掘报告），中国大百科全书出版社 1996 年版。

5. 刘庆柱《古代都城与帝陵考古学研究》，科学出版社 2000 年版。

（二） 期 刊

1. 王仲殊《汉长安城考古工作的初步收获》，《考古通讯》1957 年第 5 期；《汉长安城考古工作收获续记》，《考古通讯》1958 年第 4 期。

2. 唐金裕《西安西郊汉代建筑遗址发掘报告》，《考古学报》1959 年第 2 期。

3. 中国科学院考古研究所汉城发掘队《汉长安城南郊礼制建筑遗址发掘简报》，《考古》1960 年第 7 期。

4. 中国社会科学院考古研究所汉城工作队《汉长安城武库遗址发掘的初步收获》，《考古》1978 年第 4 期。

5. 中国社会科学院考古研究所汉城工作队《汉长安城窑址发掘报

告》,《考古学报》1994 年第 1 期。

6．中国社会科学院考古研究所汉城工作队《汉长安城冶铸遗址发掘简报》,《考古》1995 年第 9 期。

7．中国社会科学院考古研究所汉城工作队《汉长安城北宫的勘探及其南面砖瓦窑的发掘》,《考古》1996 年第 3 期。

8．中国社会科学院考古研究所、日本奈良国立文化财研究所中日联合考古队《汉长安城桂宫二号建筑遗址发掘简报》,《考古》1999 年第 1 期。

9．中国社会科学院考古研究所、日本奈良国立文化财研究所中日联合考古队《汉长安城桂宫二号建筑遗址（B 区）发掘简报》,《考古》2000 年第 1 期。

10．中国社会科学院考古研究所、日本奈良国立文化财研究所中日联合考古队《汉长安城桂宫三号建筑遗址发掘简报》,《考古》2001 年第 1 期。

图书在版编目（CIP）数据

汉长安城/刘庆柱、李毓芳著. ——北京：文物出版社，
2003.3（2020.11重印）

（20世纪中国文物考古发现与研究丛书）

ISBN 978-7-5010-1354-8

Ⅰ.汉… Ⅱ.①刘…②李… Ⅲ.汉长安城-发掘-报告
Ⅳ.K878.05

中国版本图书馆CIP数据核字（2002）第039773号

20世纪中国文物考古发现与研究丛书

汉长安城

著　　者　刘庆柱　李毓芳

封面设计　张希广
责任印制　张道奇
责任编辑　王　戈
出版发行　文物出版社
社　　址　北京市东直门内北小街2号楼
网　　址　http://www.wenwu.com
邮　　箱　web@wenwu.com
印　　刷　河北鹏润印刷有限公司
开　　本　850mm×1168mm　　1/32
印　　张　8.125　插页：2
版　　次　2003年3月第1版
印　　次　2020年11月第3次印刷
书　　号　ISBN 978-7-5010-1354-8
定　　价　40.00元